**BUZZ**

© 2021, Buzz Editora
© 2021, Thaila Campos e Rodrigo Stocco

Publisher ANDERSON CAVALCANTE
Editora TAMIRES VON ATZINGEN
Assistente editorial JOÃO LUCAS Z. KOSCE
Preparação LIGIA ALVES
Revisão LEANDRO RODRIGUES, CRISTIANE MARUYAMA
Projeto gráfico ESTÚDIO GRIFO
Assistente de design FELIPE REGIS
Foto da capa RICHARD LASCHON/SHUTTERSTOCK

---

Dados Internacionais de Catalogação na Publicação (CIP)
de acordo com ISBD

C198
Campos, Thaila
*Cristão rico: finanças à luz da Bíblia* / Thaila Campos,
Rodrigo Stocco
São Paulo: Buzz, 2021
192 pp.

ISBN 978-65-89623-73-1

1. Economia. 2. Finanças. 3. Cristão. 4. Bíblia.
I. Stocco, Rodrigo. II. Título.

2021-3722 CDD 332 / CDU 336

---

Elaborado por Vagner Rodolfo da Silva CRB-8/9410

Índice para catálogo sistemático:
1. Economia: Finanças 332
2. Economia: Finanças 336

Todos os direitos reservados à:
Buzz Editora Ltda.
Av. Paulista, 726 – mezanino
CEP: 01310-100 – São Paulo/SP
[55 11] 4171 2317 | 4171 2318
contato@buzzeditora.com.br
www.buzzeditora.com.br

THAILA CAMPOS
RODRIGO STOCCO

# CRISTÃO RICO

FINANÇAS
À LUZ
DA BÍBLIA

Apresentação 7

1. Como ter paz financeira 11
2. Os sonhos de Deus para a sua vida 25
3. Como ter mais dinheiro e manter as finanças controladas 41
4. É possível sair das dívidas e nunca mais voltar? 55
5. A mente do cristão próspero 67
6. Como negociar dívidas 81
7. A lei da semeadura 91
8. Qual é o melhor investimento? 103
9. Como começar a empreender 115
10. Finanças para casais 125
11. Como ter tempo para controlar as finanças 139
12. Como saber se tenho as finanças controladas segundo a Bíblia 149
13. Como aumentar a renda e gerar mais dinheiro 163
14. Como começar a ter suas finanças controladas 171
15. Orçamento em potes: técnica para gerenciamento das suas finanças 183

Agradecimentos 190

# APRESENTAÇÃO

Certas percepções equivocadas têm impedido cristãos de ter suas finanças controladas, fazer sobrar dinheiro e viver os sonhos de Deus. Alguns religiosos e igrejas, muitas vezes de forma não intencional, ensinam que é errado ter bens materiais, ou que Deus despreza pessoas ricas, ou ainda que o sucesso financeiro não é para os cristãos. O resultado disso é a negligência de uma administração financeira saudável por boa parte dos cristãos, que cultivam uma imagem completamente distorcida sobre o papel do dinheiro em suas vidas.

Por outro lado, existe um movimento que ensina que Deus nos prometeu riquezas e que por isso você deve apenas orar e fazer doações para que assim Ele lhe dê um carro melhor, uma casa melhor e uma qualidade de vida melhor. Só que nem sempre esses resultados acontecem da forma esperada, e o que vemos todos os dias em nosso Ministério são pessoas chegando frustradas com Deus por terem realmente esperado que Ele as fizesse ricas. A frustração é consequência de um entendimento equivocado e incompleto sobre esse tema.

Vemos nos dois extremos um desequilíbrio enorme quanto ao que a Bíblia ensina sobre finanças. Importante destacar aqui que a ideia deste livro é trazer uma visão equilibrada sobre administração financeira à luz da Bíblia. Portanto, não se trata de um conteúdo sobre a teologia da prosperidade ou de um manual que ensina a buscar riquezas a todo custo, sem um propósito muito bem definido. Na verdade é justamente o contrário: queremos que você descubra quais princípios bíblicos de administração financeira devem reger suas finanças e viva a plenitude dos propósitos de Deus para sua vida.

Ao longo dos quinze capítulos deste livro você vai aprender a ter paz financeira, exercer a boa mordomia e multiplicar as sementes que Deus coloca em suas mãos, além de muitas outras coisas que você talvez nem saiba que não sabe. Temos total certeza de que, depois de ter o entendimento total dos princípios abordados aqui, não apenas a sua vida financeira vai melhorar, mas também a sua vida espiritual.

Acreditamos fortemente que Deus criou o dinheiro pela mesma razão de ter criado todas as outras coisas: para servir aos Seus propósitos. O dinheiro é apenas uma ferramenta, um meio pelo qual podemos satisfazer as nossas necessidades e cumprir os propósitos de Deus na Terra.

O propósito maior do Ministério Cristão Rico é mostrar o caminho para você não ser escravo das suas finanças e honrar a Deus verdadeiramente por meio do princípio da boa mordomia cristã, que ensina a administração responsável e com propósito dos recursos que Deus nos concede aqui neste planeta. Deus enxerga nossa vida como uma atribuição de confiança. O tempo que temos, a inteligência, as oportunidades, os relacionamentos e os recursos são presentes que Deus nos confiou para cuidarmos e administrarmos com diligência. A Bíblia diz que nunca possuímos realmente qualquer coisa durante nosso breve período na Terra; somos administradores de tudo o que Deus nos dá.

O dinheiro que Ele coloca em suas mãos é uma atribuição de confiança. Deus usa a área financeira para nos ensinar a confiar n'Ele e para testar quão confiáveis somos.

Quanto mais Ele nos dá, mais responsáveis espera que sejamos. Isso significa que tudo o que fazemos, mesmo as coisas mais simples, tem uma implicação eterna.

Acreditamos que o verdadeiro Cristão Rico não é aquele que busca riquezas a todo custo. O verdadeiro Cristão Rico é aquele que aplica os princípios bíblicos de administração financeira em sua vida; são as pessoas que se revelam confiáveis para exercer uma boa administração de tudo aquilo que Deus lhes dá. Quando esse processo se torna realidade, acontece um enorme efeito colateral: a geração de riquezas com propósito.

O Ministério Cristão Rico já realizou mentorias em grupo com milhares de pessoas que buscavam sair do vermelho, fazer sobrar dinheiro e investir para realizar os sonhos de Deus em suas vidas. Nos últimos meses colecionamos centenas de histórias de transformação de nossos mentorados, e algumas delas serão trazidas ao longo do livro para sua edificação e aprendizado.

Então, vamos aprender o passo a passo para que você tenha as finanças controladas à luz da Bíblia e seja um melhor mordomo de Deus a partir de agora?

# 1

# COMO TER PAZ FINANCEIRA

É importante dizer, já no início deste livro, que a verdadeira transformação para ter paz financeira acontece por meio de uma base sólida de princípios e orientações à luz da Bíblia.

Nós poderíamos apresentar a você soluções mágicas ou promessas de imediatismo, mas o fato é que edificar a fundação de uma casa segura e próspera requer paciência, e quase sempre é um trabalho muito intenso. Se você quiser arriscar construir uma casa sem a fundação, saiba que é questão de tempo para ela desabar!

Da mesma forma, para ter paz financeira é importante iniciar pela base. Em Mateus 7:24 está escrito que todo aquele que dá atenção aos princípios bíblicos, que ouve a palavra de Deus e as coloca em prática, é assemelhado ao homem prudente que edificou a sua casa sobre a rocha. Devemos construir a casa da nossa vida financeira sobre a Rocha, e essa Rocha, segundo a Bíblia, é Jesus. A base que estamos propondo construir agora com você são os ensinamentos que Ele nos traz, são os princípios bíblicos de administração que Ele nos ensina. Você precisa começar a construir sua vida financeira sobre a rocha.

Então, neste primeiro capítulo vamos contar a você coisas que vão levá-lo a ter paz financeira e que talvez você nunca tenha imaginado. Está preparado?

Você já parou para pensar sobre o que poderia trazer mais paz para a sua vida financeira?

Algumas pessoas talvez pensem que para ter paz financeira bastaria a realização de um sonho, como a compra da casa própria ou de uma casa de praia, por exemplo. Outros podem acreditar que para ter paz financeira precisam se livrar da escravidão dos empréstimos e dívidas ou deixar para trás o fardo de um trabalho do qual não gostam.

Entretanto, para lhe dar a chave para ter paz financeira precisamos que você entenda o motivo que impede a maioria dos cristãos de conseguir prosperar e de ter suas finanças controladas.

Segundo pesquisas que temos aqui no Ministério Cristão Rico, exatamente 81,2% dos cristãos estão endividados ou não conseguem fazer sobrar dinheiro. Se considerarmos a prática de todos os princípios bíblicos, como a lei da quinta parte, a lei da multiplicação, da semeadura, da servidão, da multiplicação e vários outros princípios bíblicos de administração financeira que você vai aprender aqui, podemos concluir que o percentual de cristãos que não obedecem a Deus nas finanças porque desconhecem ou negligenciam os princípios bíblicos para a boa administração das finanças é ainda pior. E por que isso acontece? Por que mais de 8 em cada 10 cristãos não vivem as promessas de Deus em suas vidas financeiras e não conseguem ter paz financeira?

Nós, do Ministério Cristão Rico, já atendemos dezenas de milhares de alunos nos nossos cursos e programas de mentoria. A grande maioria desses alunos e mentorados chegou endividada ou sem conseguir fazer sobrar dinheiro. A maioria definitivamente não tinha paz financeira.

Também atendemos pessoas investidoras, mas infelizmente ainda são poucos. Neste livro você vai conhecer a história de algumas dessas pessoas que chegavam endividadas e sem ter paz financeira. Como o caso da Marinalva. Diga, com

sinceridade, se o caso que vai ler agora tem alguma semelhança com a sua realidade ou a de alguém próximo.

A Marinalva estava devendo muito. Ela havia contraído vários empréstimos consignados em bancos, tinha dívidas atra-
sadas no comércio, em lojas, e ainda devia a um agiota. Esse
agiota retinha o cartão da Marinalva, ou seja, ela trabalhava
muito e no fim das contas quem sacava o dinheiro do seu salário era o agiota. Ela só ficava com o troco do próprio salário.
Você sabe o que é trabalhar para outra pessoa que controla o
que você recebe e só lhe dá o resto? É uma verdadeira subser-
viência. Como você vai poder servir a Deus dessa forma? Essa
situação durou anos.

Foram anos de humilhação e depressão financeira que Marinalva não sabia como resolver. Ela simplesmente não aprendeu ao longo da vida a administrar aquilo que recebia. Depois
de começar a compreender os princípios bíblicos sobre finanças, a que você terá acesso ao ler este livro, Marinalva aprendeu
a ter as finanças controladas, assim como a sua própria vida.
Saiu das dívidas, recuperou o cartão da mão do agiota e hoje
tem a paz financeira de que tanto precisava.

Você pode imaginar por quais motivos muitos cristãos estão nessa situação de endividamento, sem enxergar uma saída?

Ao longo de nossa experiência dentro do ministério, percebemos que as pessoas que não têm paz financeira apresentam
pelo menos cinco pontos em comum:

I   A maioria das pessoas sem paz financeira tem a autoestima baixa. Elas ficam extremamente envergonhadas pelas suas dívidas e por terem chegado a uma certa idade
sem acumular qualquer patrimônio. Muitas pessoas têm
vergonha de dar um mau testemunho como cristãs.

2   Elas achavam que ganhavam pouco e se sentiam escravas do dinheiro. *E vamos combinar que passar o mês todo trabalhando só para pagar contas é um tipo de prisão*, concorda? Se tiver dívidas, então, a própria Bíblia diz que quem deve é escravo de quem empresta, conforme está escrito em Provérbios 22:7.

3   Elas fugiam dos problemas financeiros, negavam que deveriam aprender a lidar com isso.

4   Elas não cumpriam os princípios bíblicos de boa administração financeira; quase todas essas pessoas sequer conheciam esses princípios. Muitas delas davam dízimos ou ofertas e procuravam ser fiéis a Deus, mas todas, sem exceção, descumpriam os princípios bíblicos principais sobre finanças.

5   Elas tinham fé que um dia Deus iria fazer um milagre e elas melhorariam suas finanças, mas não agiam.

E por que tudo isso acontecia? Por qual motivo essas pessoas passaram uma vida sofrendo para ter as finanças controladas?

Um dos motivos tem a ver com o caso da Kátia, que, ao ver o nome "Cristão Rico" nas redes sociais, estranhou e pensou logo que não fosse algo para ser aplicado em sua vida. Na mente dela, o cristão tinha que cuidar do que é espiritual, e o dinheiro era algo mundano. Contudo, a partir dos ensinamentos sobre finanças bíblicas, Kátia foi percebendo que essa era uma crença equivocada e limitante em sua vida. Logo entendeu que a sua vida financeira estava toda bagunçada, por isso não sobrava dinheiro. Ela vivia para pagar contas, mesmo tendo duas fontes de renda. Após aprender a ter as finanças controladas, Kátia começou a fazer sobrar dinheiro e a investir para realizar sonhos em apenas sessenta dias. De maneira planejada e orientada, uma de suas rendas começou a sobrar cem por cento.

Observe que a Kátia achava que ter as finanças controladas e cuidar do dinheiro não era para ela, porque não parece ser algo muito espiritual. Porém, quando ela passou a entender o propósito do dinheiro em sua vida, quando conheceu sua verdadeira identidade segundo a Bíblia e compreendeu os princípios bíblicos da boa administração, tudo fez sentido e começou a mudar.

A grande maioria das pessoas que procuram o Ministério Cristão Rico desesperadas com problemas financeiros não tem clareza da verdade bíblica sobre quem realmente elas são, sobre a identidade de filhos de Deus. É fácil falar que todo mundo é filho de Deus, mas entender, obedecer e viver com uma identidade de Filho não é para qualquer um. Quando você tem a identidade de filho, compreende que tem direito a uma herança, por exemplo. Mas não é tão simples como muitos líderes têm pregado por aí.

Boa parte dos cristãos nunca teve uma educação financeira à luz da Bíblia, e, assim, por não terem o entendimento correto e por não compreenderem sua verdadeira identidade de filhos de um Deus que é dono de tudo, começam a negar o dinheiro, evitam pensar e falar sobre ele e acabam se tornando escravos dele.

Alguns deles começam a acreditar que não são merecedores de ter dinheiro. Eles acreditam que não nasceram para isso, que o dinheiro seria algo mundano e sujo. Que talvez o destino de Deus para suas vidas seja mesmo viver em dívidas. Assim, muitos filhos de Deus começam a perder a sua verdadeira identidade e a esquecer quem são. Essas pessoas não entendem que são filhos de um Deus que é dono de tudo e que confia aquilo que é d'Ele aos nossos cuidados para ser bem administrado segundo os Seus propósitos.

Então, não permita se esquecer de que Deus o criou por um propósito muito maior do que só ficar trabalhando para pagar contas! E que o dinheiro é uma ferramenta necessária para cumprir esses propósitos. É também por falta desse entendimento que Jesus disse, em Lucas 16:8, *"As pessoas deste mundo são muito mais espertas nos seus negócios do que as pessoas que pertencem à luz"*.

Os filhos da luz nem sempre entendem que Deus já nos deixou orientações sobre como administrar os recursos aqui da Terra. Quando você entende que o dinheiro é uma ferramenta para cumprir propósitos e entende sua verdadeira identidade de Filho, as coisas começam a fazer sentido e Deus mostra como você deve administrar os recursos que Ele coloca em suas mãos.

Então, neste momento, repita em seu coração:

*Eu tenho identidade de filho de Deus.*

*Fui criado à imagem e semelhança de Deus.*

*Meu Pai é dono da prata e do ouro.*

*Eu vou aprender a administrar minhas finanças assim como Ele ensina.*

Parabéns por esse primeiro aprendizado!

Seguindo para o próximo, aqui no Cristão Rico nós gostamos muito de uma frase:

*Ou o dinheiro serve a você ou você serve ao dinheiro.*

Qual dessas opções você escolhe? Se você escolhe servir ao dinheiro, é escravo do dinheiro. Se o dinheiro serve a você, ele é apenas uma ferramenta.

Tendemos a achar que o rico é escravo do dinheiro, e de fato alguns são. Porém, quem passa uma vida trabalhando apenas para pagar contas e sobreviver é o quê? Se você trabalha só para pagar contas e sobreviver, qual é a diferença de um escravo que trabalha para seu senhor em troca de sobrevivência e comida? Já pensou nisso?

Quem não entende sua identidade e o papel do dinheiro na sua vida acaba vivendo como um prisioneiro, sem sequer se dar conta disso. Quando perdemos o foco de quem nós somos, dos propósitos, dos sonhos de Deus para nossa vida, passamos a viver uma vida egoísta.

Se você não compreende sua verdadeira identidade, e não tem propósito para os recursos que Deus coloca em suas mãos, a consequência é a falta de recurso, porque você acaba desviando as suas sementes, os recursos, para algo que não é propósito de Deus. Quer um exemplo? Pense em quanto você paga de juros e taxas para os bancos. Você acha que é propósito de Deus que você entregue tudo isso ao banco? Claro que não! Você está trabalhando para os propósitos do banco, está sendo escravo do banco.

No livro de Êxodo, a Bíblia fala do povo de Deus que foi resgatado por Moisés no Egito. Aquele povo era tido como escravizado, pois eles eram explorados apenas por comida e alguma subsistência. Chegava no final do mês, eles não tinham nada, nem perspectiva de mudança. Viviam para os propósitos do faraó, e até aquele momento não agiam para os propósitos de Deus.

Pense agora na sua vida financeira. Veja se ela não está assim também: você trabalha bastante e chega no final do mês sem sobrar nada? Você só pagou pela comida e moradia. Qual é a diferença dessa vida para a vida de um escravo[1] do faraó? Entenda

---

1 Não há, de nossa parte, qualquer intenção de ofensa no emprego do termo escravo. Obviamente, somos contrários à escravidão, mas optamos por utilizar o termo "escravo" neste livro a fim de levar o leitor a uma reflexão mais profunda sobre a necessidade de mudança em sua vida financeira. Além disso, é uma palavra bastante presente na Bíblia. [N. A.]

que *quem não faz sobrar dinheiro leva uma vida de escravo*. Fica o mês todo trabalhando por comida e moradia e nunca tem recursos para viver as promessas e os sonhos de Deus.

Deus levantou Moisés para livrar seu povo e fazê-lo viver uma vida dentro dos Seus propósitos, dentro do sonho que Deus tinha para o seu povo. Existia uma promessa para aquele povo, mas, enquanto eles vivessem na defensiva, apenas orando por livramento, apenas trabalhando para os propósitos do faraó e não para os propósitos de Deus, aquela promessa não poderia se cumprir.

Agora, queremos fazer a revelação de um aprendizado bíblico muito importante que está em Gálatas 4, versículos 1-2: "*Digo porém que, enquanto o herdeiro é menor de idade, em nada difere de um escravo, embora seja dono de tudo. No entanto, ele está sujeito a guardiões e administradores até o tempo determinado por seu pai*".

Sabemos que essa palavra tem um contexto espiritual muito mais amplo, mas aqui já começamos a entender por que, mesmo sendo herdeiros de Deus, que é o Dono de tudo, muitos filhos ainda continuam vivendo como escravos. Porque a expressão "menor de idade", na tradução original, se refere a imaturidade ou incapacidade. Uma pessoa menor de idade é também chamada de incapaz, concorda? Essa palavra diz que, enquanto você for imaturo ou incapaz, vai continuar sendo escravo.

Esse ensinamento vale para todas as áreas da vida. Se você não é maduro o suficiente para viver longe do pecado, vai viver como escravo do pecado. Se você não for maduro o suficiente para administrar o dinheiro que Deus coloca nas suas mãos, vai viver sempre como escravo do dinheiro. Percebe?

Então, anote este aprendizado bíblico importante para a sua vida financeira:

*Enquanto você for incapaz para administrar suas finanças, vai ser escravo do dinheiro e das dívidas.*

E quer saber o pior? Você não vai viver os propósitos que Deus tem para a sua vida. Veja que não estamos falando de dízimo, oferta, nada disso. Estamos falando de capacidade, maturidade para administrar o que Deus coloca nas suas mãos.

A Bíblia diz que a cada um será dado conforme a sua capacidade. É daí que vem a famosa expressão bíblica ser fiel no pouco: conforme você se mostra capaz de administrar o pouco, Deus vai colocando mais nas suas mãos.

Há uma herança enorme esperando o dia em que Deus começar a ver que você é capaz! Faz sentido para você? Isso vale para o mundo material e para o mundo espiritual.

Porém, acredite, nada que tira a sua liberdade vale a pena! Tudo que tira a sua liberdade é muito, muito caro!

Se você tem dívidas, sabe a primeira lição que precisa ter para sair do buraco? E dos empréstimos? É parar de cavar! Sim, parar de fazer empréstimos!

Veja o que diz Provérbios 28:1: *"O ímpio foge, embora ninguém o persiga, mas os justos são corajosos como o leão"*. Então, você precisa agir com coragem. Até quando você vai fugir e negar a importância de administrar bem aquilo que Deus está lhe confiando? Até quando você vai ser menor de idade, imaturo e ficar trabalhando por dinheiro? Vivendo como escravo do dinheiro e passando uma vida toda simplesmente para pagar contas?

Nada é mais triste do que ver pessoas trabalhando, trabalhando muito, perdendo tempo de qualidade com a família e com Deus, para pagar contas, sendo escravas do dinheiro. Trabalham, trabalham e no final do mês não têm nada. E o pior: não realizaram propósitos. Isso é muito triste. Deus não quer essa vida para você.

Trabalho, sem dúvida, é propósito de Deus, mas escravidão definitivamente não, e é exatamente assim que vivem 8 em cada 10 cristãos: como escravos do dinheiro!

Tudo o que falamos até aqui é apenas uma das bases bíblicas que explicam por que há muitos cristãos sem paz financeira e vivendo como escravos do dinheiro. Você acabou de ler a história da Kátia, que achava que fazer sobrar dinheiro, investir e viver os sonhos de Deus não era para ela. Mas, afinal, o que mudou na vida dela e na vida de milhares de outras pessoas que passaram a entender esses ensinamentos?

A resposta é simples. Um bom administrador é alguém que tem suas finanças controladas segundo os princípios bíblicos. Quando falamos de princípios bíblicos sobre finanças, o repertório da maioria dos cristãos se resume a dízimos e doações, mas essas pessoas não entendem que na Bíblia existem diversos outros princípios que nos direcionam na forma de administrar nosso dinheiro.

A pessoa que consegue aplicar esses princípios é livre, não é escrava das finanças. Portanto, entenda que, para ter suas finanças controladas, você precisa cumprir todos os princípios bíblicos sobre finanças.

Neste livro nós vamos ajudá-lo a entender esses princípios e também a aplicá-los. Falaremos da lei da semeadura, do princípio da mordomia, da lei da quinta parte, da lei da servidão, da lei da multiplicação e de vários outros princípios que você talvez ainda não conheça.

Só que, para você viver uma verdadeira transformação, não basta aprender esses princípios. É preciso, antes de tudo, trabalhar sua forma de pensar. Trabalhar a maneira como você entende o dinheiro. E destruir algumas crenças que limitam você, que o impedem de seguir em frente. É preciso renovar a sua mentalidade e viver o que diz Romanos 12:2 *"Não se amoldem ao padrão deste mundo, mas transformem-se pela renovação da sua mente, para que sejam capazes de experimentar e comprovar a boa, agradável e perfeita vontade de Deus"*.

Dado o contexto necessário para entender o conceito, vamos entregar o ouro para que você aprenda definitivamente a ter paz financeira. Muitas pessoas pensam assim:

- Quando sair das dívidas, eu vou ter paz.
- Quando tiver dinheiro para comprar minha casa, eu vou ter paz.
- Quando tiver dinheiro para realizar um sonho, eu vou ter paz.
- Quando sair da escravidão do banco, eu vou ter paz.
- Quando sair da dependência desse emprego, eu vou ter paz...

Elas sempre acham que vão ter paz quando conseguirem atingir um objetivo específico que desejam, mas a paz financeira não tem nada a ver com isso. A paz financeira não está no destino que você quer. A paz financeira está no processo. No processo de obediência aos princípios bíblicos de administração financeira. Quando se propõe a obedecer a todos os princípios de um bom administrador, você tem paz. Quando se propõe a estar no caminho de Deus, você tem paz, porque sua vida financeira está edificada sobre a rocha e pode vir o vento que for que ela não vai se abalar.

É isso que acontece com as pessoas que se propõem a aplicar este aprendizado e a colocar em prática os princípios bíblicos sobre finanças. Elas começam a ter paz! Entenda que apenas o caminho da obediência aos princípios bíblicos da boa administração financeira vai levá-lo a ter paz na sua vida financeira.

Importante anotar: a paz não está no destino, e sim no processo.

Então, perguntamos agora: você tem obedecido a Deus na sua vida financeira? Tem feito sua reserva de segurança? Praticado a lei da quinta parte? Tem multiplicado aquilo que Deus coloca nas suas mãos? Tem sido fiel na administração dos poucos recursos que já tem? Tem praticado a lei da servidão? A lei da multiplicação? A lei da semeadura? Tem feito doações? Esses são alguns dos princípios que você vai aprender aqui e que, quando aplicados, vão trazer a verdadeira paz financeira.

Acredite que, quando aprende a lidar com as suas emoções, quando persevera e aplica um processo, um método, que o ajude a cumprir todos esses princípios, você tem paz financeira.

Foi o que aconteceu com a nossa aluna Lia Laís, que não tinha paz. Ela já não dormia direito por causa de problemas financeiros. Não tinha uma só noite de sono tranquilo e não via um caminho para sair das dívidas. Então, ela orou a Deus pedindo direção. Orou como Jabez orou: "Senhor, estende a sua destra sobre a minha vida, livra-me do mal e alarga suas fronteiras". Foi nesse momento que ela encontrou o Ministério Cristão Rico e os ensinamentos sobre como ter suas finanças controladas à luz da Bíblia. Depois de estudar e aplicar esses conhecimentos sobre educação financeira na sua vida, Lia Laís conseguiu sair das dívidas e agora dorme em paz. Até o relacionamento com a família, que estava enfraquecido, foi transformado. A cada dia que ela avançava nos estudos e leituras sobre os princípios bíblicos que devem reger as nossas finanças, Lia Laís sentia que a sua mente começava a ser desbloqueada. Sua fé e esperança foram renovadas. O dinheiro não a controla mais. Agora é a Lia quem controla suas finanças e a sua própria vida.

Então, o que você precisa fazer para ter paz financeira é começar a buscar conhecimento e investir em educação financeira. Entenda a quais princípios você deve obedecer. Apaixone-se pela obediência a esses princípios. Você vai ver que a realização dos seus sonhos e dos propósitos de Deus para sua vida serão uma consequência!

É por isso que nossos alunos e mentorados saem das dívidas e se tornam investidores em tão pouco tempo: porque eles se apaixonam por obedecer a esses princípios. Quando você faz a sua parte, Deus certamente faz a d'Ele.

Quer ter paz financeira? Apaixone-se pelo processo e se submeta à vontade de Deus.

2

# OS SONHOS DE DEUS PARA A SUA VIDA

Neste capítulo queremos encorajá-lo a pensar um pouco mais sobre os sonhos de Deus para você. Quem você seria se você não tivesse medo algum e se tivesse todos os recursos do mundo? Se fosse muito rico ou rica? E por que é importante que você pare para pensar sobre isso? Porque a conexão entre a pessoa que você é hoje e a pessoa que você imaginou ser, essa pessoa realizada, sem medos e com recursos a sua disposição, tem total ligação com os seus sonhos.

Esse resultado é algo que está dentro de você. Algo que o motiva e o define. Algo que diz muito sobre quem você é na sua essência.

Sabe por que estamos falando de sonho neste capítulo? Porque a nossa missão do Ministério Cristão Rico é ajudar as pessoas a terem recursos para realizar os sonhos de Deus nas suas vidas. Sabemos que não dá para realizar sonhos sem ter recursos e sem ter as finanças controladas. É certo que precisamos de recursos para concretizar os nossos sonhos.

Acreditamos de verdade que Deus criou você por um propósito muito maior, que não é simplesmente passar uma vida toda pagando contas!

Algumas pessoas sonham em simplesmente ter condições de fazer uma reforma na casa, e isso é digno, como foi o caso da nossa aluna e mentorada Francisca, que quitou todas as dívidas e em sessenta dias conseguiu realizar o sonho de reformar a casa dela. A Francisca tinha esse sonho fazia mais de dez anos, porém não achava meios de materializá-lo. E, exatamente dois meses depois que ela resolveu se dedicar a organizar suas finanças à luz da Bíblia, tudo mudou. O Senhor a abençoou abrindo seus olhos, e ela pôde entender que era hora de começar esse projeto novo na sua vida. Conseguiu pagar dívidas e fazer uma reserva para conquistar o sonho de reformar sua casa.

No caso da Francisca, ela tinha um sonho que precisava de recursos para ser realizado. Então, ela quitou dívidas e conseguiu finalmente fazer uma reforma na sua casa, aplicando os princípios bíblicos da boa administração financeira.

Há também quem sonhe em ter mais recursos para a obra missionária. É o caso da nossa aluna e mentorada Ana Lúcia, que é presidente de uma obra missionária na África e entendeu que precisava aprender a administrar bem as finanças para avançar com os sonhos de Deus para a vida dela. Você conhece a situação econômica em muitos campos da África? É um contexto de muita escassez. É triste ter o desejo de ajudar o povo e não poder em razão de uma vida financeira não organizada. Por intermédio do Ministério Cristão Rico, Ana Lúcia descobriu a verdadeira aplicação do princípio da mordomia cristã e decidiu consertar seus erros financeiros. Muitas vezes ela nem tirava férias, porque não sobrava nada. Hoje ela já tem dinheiro guardado para servir aos propósitos que Deus colocou no seu coração. Ela precisou ficar no Brasil por um tempo, organizou sua vida financeira com os ensinamentos sobre finanças bíblicas e depois retornou para o campo missionário muito mais preparada, pronta para realizar os sonhos de Deus na sua vida. Interessante é que a Ana Lúcia agora se tornou uma investidora. Ela entendeu que multiplicar as sementes naturais também é um ato de obediência a Deus.

Então, agora que você já entendeu que é importante ser um bom administrador das finanças, ser fiel na administração dos recursos que Deus coloca nas suas mãos, compreenda que para realizar esse tipo de sonho também é importante o hábito de investir.

Nos capítulos seguintes vamos falar sobre semeadura, multiplicação e investimentos. Vamos esclarecer para você a base principal sobre como fazer bons investimentos, mas queremos que agora você tenha clareza sobre o seguinte: os investimentos são o veículo que vai levá-lo a realizar qualquer sonho que necessite de recursos.

Neste momento, porém, você precisa compreender a diferença entre desejo, fantasia e sonhos.

Quando falamos em sonhos de Deus para a nossa vida, muita gente não entende. Algumas pessoas chegam a dizer que sonho de Deus é algo que não existe, pois a Bíblia diz que Deus nunca dorme (Salmo 121:3). De fato, Deus nunca dorme, mas Ele é o criador e tudo começou com os sonhos d'Ele.

Muitos acham que desejo é sonho ou fantasia é sonho. Você sabe qual é a diferença?

Desejos são coisas que você quer de forma corriqueira: "Eu desejo um chocolate", "Eu desejo uma roupa", "Eu desejo um abraço". São coisas que você quer no dia a dia.

Já a fantasia são desejos irreais, coisas inalcançáveis. Por exemplo: "Quero comprar o Planeta Marte", "Quero ser um jogador de futebol, mas estou com noventa anos". Enfim, fantasias são coisas irreais.

Os sonhos não são desejos ou fantasias irreais. A palavra "sonho" vem do latim *somni*, que significa desejo veemente. É uma aspiração constante e intensa. Algo que nasce no seu coração, porque nasceu antes no coração de Deus. A Bíblia nos diz: "*Antes que eu te formasse no ventre materno, eu te conheci, e, antes que saísses da madre, te consagrei, e te constituí profeta às nações*" (Jeremias 1:5). Com base nessa passagem bíblica, podemos perceber que, se você está em Cristo, todos os seus desejos veementes, todas as suas aspirações constantes nunca vieram de você. Eles vieram antes que você fosse concebido.

Isso quer dizer que, antes mesmo de você nascer, Deus já tinha uma ideia de quem você seria. Cada um nasce com um papel aqui na Terra. No caso de Jeremias, era ser um profeta, mas você tem o seu papel, que tem tudo a ver com seu sonho, o sonho de Deus para sua vida!

Para complementar essa ideia, observe o que está escrito em Gênesis 1:26. Também disse Deus: "*Façamos o homem à nossa imagem, conforme a nossa semelhança; tenha ele domínio sobre os peixes do mar, sobre as aves dos céus, sobre os animais domésticos, sobre toda a terra e sobre todos os répteis que rastejam pela terra*".

Dessa passagem nós entendemos que *antes de fazer o homem, Deus sonhou com o que Ele queria para o homem. Nesse caso específico, exercer o domínio sobre a Terra.* O homem foi feito para governar a Terra. Falamos no capítulo anterior sobre identidade, e entender para que você foi feito pelo Criador também faz parte da sua identidade em Cristo.

É importante assimilar esse conceito bíblico de que, antes mesmo de você nascer, Deus já tinha desejos e sonhos a seu respeito. Mas por que é importante ter sonhos? O sonho é o combustível da sua jornada aqui na Terra. É isso que deveria mover o homem. O sonho é como se fosse uma bússola que mostra para onde você deve ir e o que você deve fazer.

A Bíblia fala que sem visão o homem perece. Então, o sonho tem essa capacidade de levar você até sua jornada. A Bíblia nos diz ainda que os sonhos de Deus para a nossa vida são muito maiores do que os nossos, como está escrito em Jeremias 29:11: *"Porque sou eu que conheço os planos que tenho para vocês, diz o Senhor, planos de fazê-los prosperar e não de lhes causar dano, planos de dar-lhes esperança e um futuro".*

No capítulo anterior nós falamos do povo de Deus que foi resgatado por Moisés no Egito. Aquele povo era tido como escravo. Eles trabalhavam por comida, moradia e proteção. Na prática, não tinham nada e não realizavam nada. Eles trabalhavam somente para os propósitos do faraó, e até aquele momento não trabalhavam para os propósitos de Deus.

Convidamos você a pensar sobre sua vida financeira, se ela não está assim também: você tem trabalhado bastante mas sempre fica sem nada? Você só consegue pagar a comida, a moradia e talvez alguma segurança? Qual é a diferença entre a sua vida e a vida de um escravo do faraó? Já mostramos que quem não faz sobrar dinheiro, passa o tempo todo trabalhando por comida e moradia e nunca tem recursos para viver as promessas de Deus, os sonhos de Deus, é verdadeiramente um escravo.

Deus levantou Moisés para livrar seu povo e fazê-lo viver dentro dos seus propósitos, dentro do sonho que Deus tinha para ele. Existia uma promessa para aquele povo, mas, enquanto ele vivesse na defensiva, orando somente por livramento, apenas trabalhando para os propósitos do faraó e não para os propósitos de Deus, a promessa não poderia acontecer.

Por isso existia um plano de resgate elaborado por Deus, que usou Moisés para realizá-lo.

Agora nós estamos incentivando você a ser resgatado da escravidão das finanças.

Queremos encorajá-lo a parar de trabalhar para os propósitos do seu banco e começar a trabalhar e a viver para os sonhos de Deus na sua vida.

Porém, para alcançar os sonhos de Deus, existe algo chamado *processo*.

Existe algo que muitos chamam de deserto. Esse processo é um lugar de preparação, de aprendizado para viver o sonho de Deus para sua vida. É o caminho para chegar lá.

Quando está preparado, você segue o caminho e usa o ouro que Deus colocou nas suas mãos para o propósito certo. Quando perde a visão do sonho e se perde no caminho, você pega o ouro e faz um bezerro com ele. Não foi isso que aconteceu com o povo do Egito? Segundo a Bíblia, eles fizeram um bezerro de ouro e passaram a adorá-lo em vez de adorar a Deus.

Muita gente está endividada, escravizada pelo dinheiro, e não entende que isso aconteceu, porque usou mal os dons e talentos que são o ouro que Deus colocou nas suas mãos. Essas pessoas não têm a visão certa, não estão no caminho certo. Muitos reconhecem isso e vão continuar por mais quarenta anos sofrendo no deserto.

O caminho para a terra prometida poderia ter sido percorrido em quarenta dias, então por que demorou quarenta anos? Porque o povo demorou a aprender. Demorou a reconhecer que não estava agindo de acordo com a vontade de Deus. Demorou a entender o propósito de Deus para a sua vida e se deixou distrair.

O tempo que vai demorar para você conquistar os seus sonhos só depende de você. Quando você não entende os princípios nem o propósito, perde o foco, e isso faz o processo demorar muito mais; às vezes você nunca chega. Foi o que aconteceu com o povo de Israel liderado por Moisés: eles perderam o foco da promessa de Deus para a sua vida e, antes mesmo de chegar à terra prometida, construíram um bezerro de ouro para adorá-lo no lugar de Deus.

Por que estamos contando tudo isso? Porque se você realmente quer viver sua terra prometida na área financeira, se você quer viver os sonhos que Deus tem para você, você precisa aprender a cumprir princípios e entender que tudo isso deve convergir para os propósitos de Deus.

Dedique-se basicamente a três coisas:

1 Reconhecer sua situação atual: você não é escravo do dinheiro porque você não tem a falta de liberdade do escravizado, mas pode estar vivendo preso ao dinheiro hoje. Essa é a realidade da maioria dos cristãos.
2 Aprender a obedecer a todos os princípios bíblicos sobre finanças.
3 Ter clareza sobre os sonhos de Deus para sua vida.

Já falamos aqui que obedecer aos princípios bíblicos que Deus ordenou vai muito além de dízimos e doações.

Em geral existem três tipos de pessoas (principalmente cristãos).

A maioria trabalha o mês todo para no final não ter dinheiro. Se bobear ainda fazem dívidas só para sanar necessidades básicas, como moradia e alimentação. Infelizmente essas pessoas são a grande maioria dos cristãos. Vivem na defensiva, pedindo a Deus livramento das dívidas.

E para essas pessoas nós dizemos que é impossível viver os sonhos de Deus estando no Egito.

Ou você decide se libertar dessas circunstâncias, ou vai ficar preso para sempre.

E o primeiro passo para deixar de ser escravo da falta do dinheiro é reconhecer isso!

O segundo tipo de pessoa é aquela que até faz sobrar dinheiro, pode até investir, mas não entende para que serve esse dinheiro que está sobrando. Elas não entendem que existe um propósito de Deus para esses recursos que passam pelas mãos delas e que esse propósito está diretamente ligado aos sonhos e propósitos que Deus tem para as suas vidas.

E essas pessoas, o que fazem? Elas ficam desesperadas para gastar esse dinheiro com coisas que acham que vão satisfazê-las. Querem se livrar do dinheiro que sobra de alguma forma, e o usam para compensar necessidades emocionais.

Essas necessidades emocionais podem se manifestar de várias formas. A mais comum é a necessidade de aprovação das outras pessoas: "Eu vou gastar com um carrão, com roupa cara, porque assim as outras pessoas vão me admirar".

A verdade é que nenhum desses dois tipos de pessoas vive os propósitos de Deus.

O terceiro tipo representa no máximo cinco por cento das pessoa: aquelas que são boas administradoras de tudo que Deus coloca nas suas mãos, porque entendem que, segundo a Bíblia, essa é uma atribuição que Deus deu a elas.

Essas pessoas aprenderam a ser bons mordomos. Aprenderam a administrar bem aquilo que Deus coloca nas suas mãos, conhecem os princípios da boa administração financeira e como consequência disso começam a gerar riqueza e a transbordar na vida de outras pessoas. Essas pessoas entendem a lei da servidão, entendem que, quanto mais servem aos outros, mais recursos elas são capazes de gerar. Elas vivem os propósitos de Deus de forma plena.

Esse é o tipo de pessoa que mais doa, porque tem mais para doar, mas ela não doa tudo, porque é uma boa administradora e entende que cada semente que Deus coloca nas suas mãos tem um propósito definido.

Se você quer fazer parte dessa minoria, se quer viver os sonhos de Deus para sua vida, o primeiro passo é ser um bom mordomo. É aprender a administrar bem o que Deus coloca nas suas mãos. É aprender a cumprir princípios, não importa se você tem um centavo ou dez milhões.

Nos próximos capítulos deste livro você vai aprender a distribuir as sementes que passam pelas suas mãos. Cumprir esses princípios faz toda a diferença.

Lembre-se sempre de que Deus se agrada da obediência. Ele se agrada do cumprimento dos princípios. Para Deus não importa muito se você tem 1 milhão ou se você deve 1 milhão. Ele avalia se você é bom administrador daquilo que Ele lhe confia. Quanto mais capaz de administrar você se mostra, mais Ele passa a confiar a você. Você é um bom administrador quando cumpre todos os princípios bíblicos sobre finanças.

Por isso Ele diz que quem é fiel em administrar o pouco será colocado no muito. Esse versículo não tem a ver com dízimo, como muitas igrejas ensinam por aí. Tem a ver com a sua capacidade de administrar e cumprir princípios. É muito mais do que apenas doação.

Pode parecer impossível, mas essas pessoas entendem que, quando fazem a parte delas, a terra prometida não aparece mais em quarenta anos, mas sim em quarenta dias.

É por isso que muitos não acreditam que é possível ter as finanças controladas em sessenta dias, como vemos nas centenas de depoimentos dos nossos alunos e mentorados. A verdade é que essas pessoas aprendem o caminho até a terra prometida. Elas aceitam sua condição atual, se arrependem dos erros do passado e aceitam que podem passar por um processo mais curto se estiverem capacitadas e preparadas para isso – e principalmente se decidirem obedecer a Deus na sua vida financeira.

Quando falamos em obedecer, falamos em cumprir todos os princípios bíblicos da boa administração financeira. Então, agora você está sendo chamado para dar esses passos importantes e assumir esses compromissos de reconhecer sua situação atual (você não é escravo do dinheiro, mas pode estar na condição de um; essa é a realidade da maioria dos cristãos), aprender a obedecer a todos os princípios bíblicos sobre finanças e ter clareza quanto aos sonhos de Deus para a sua vida.

Firmando esses compromissos, agora queremos mais uma vez encorajá-lo a sonhar, pois há muita gente que, quando ouve a pergunta "Qual o seu sonho?", responde: "Eu não tenho sonhos!". Na verdade essa pessoa tem um grande sonho. Ela só não descobriu ainda qual.

Se esse é o seu caso, preste atenção a esta dica: comece sonhando algo que você já sabe que é a vontade de Deus para a sua vida! Por exemplo, um dos desígnios de Deus para o homem é que tenha uma família. Então, comece formando uma família e seja um alicerce nela, uma pessoa que vai viver os propósitos mais simples de Deus.

Outro exemplo: a palavra de Deus diz que o homem não deve ter dívidas: "não devais nada a ninguém a não ser o amor" (Romanos 13:8). Então, se você tem dívidas, não está vivendo os desígnios de Deus na sua vida. Enquanto não tiver um sonho maior, você pode definir sair das dívidas.

Mas queremos alertá-lo para o fato de que Deus não fez você só para ficar pagando contas. Esse não pode ser o seu sonho para sempre. Você precisa encontrar o seu verdadeiro sonho.

Então, se você vir alguém dizendo que não tem um sonho, incentive-o a sonhar primeiro em consertar a própria vida, a ter uma família sólida, uma vida financeira mais saudável, até que descubra o seu verdadeiro propósito aqui na Terra.

Agora preste bem atenção: quando você descobre o seu sonho, isso gera demanda. Dá trabalho. Nós aqui já sonhamos um dia em construir uma família. Ficar longe das dívidas e viver uma vida financeira controlada. Até que nesse processo descobrimos o sonho de ajudar pessoas a consertar suas vidas financeiras e a também a achar os sonhos de Deus para suas vidas. Esse é o maior propósito do Ministério Cristão Rico hoje: ajudar pessoas a transformar suas vidas financeiras e a materializar seus sonhos, porque tem gente que acha que simplesmente vai cair do céu o recurso necessário para realizar sonhos. Não é bem assim.

Por exemplo, se você sonha em ser uma boa mãe ou um bom pai, vai precisar se dedicar a isso. Se o seu sonho é ser o melhor profissional da sua cidade, você precisa se dedicar a isso. Você precisa ser intencional na conquista dos seus sonhos.

Uma dica importante: normalmente, quando Deus coloca um sonho no seu coração, Ele coloca algo tão grande que você não consegue fazer sozinho, de forma que você também precisará de Deus para completar a obra.

Deus não quer ver você independente Dele. Jamais conseguiríamos transformar a vida de milhares de alunos sozinhos. Deus está fazendo a parte Dele nesse sonho o tempo todo.

É importante que você tenha em sua mente os seguintes versículos:

*"Porque eu, o Senhor, teu Deus, te tomo pela tua mão direita e te digo: não temas, que eu te ajudo"* (Isaías 41:13).

*"O coração do homem considera o seu caminho, mas o Senhor lhe dirige os passos"* (Provérbios 16:9).

Nessas passagens bíblicas você pode ver que, quando os seus sonhos vêm do coração de Deus, ele são grandes e o próprio Deus direciona e ajuda você, pegando sua mão. E aqui muita gente se enrola e acha que, porque o sonho é uma promessa de Deus, deve apenas esperar por Ele, sem fazer a sua própria parte. Simplesmente esperam, sem ser intencionais em suas ações. Elas querem a glória, mas não enfrentam o processo necessário, não persistem na trajetória. Querem um casamento feliz, mas não fazem sua parte para isso. Querem passar num concurso público, mas não querem estudar horas e horas. Querem sua liberdade financeira, mas não querem aprender a ter suas finanças controladas. Querem sair das dívidas, mas não têm um plano para isso e ficam esperando um milagre.

É importante, então, ensinarmos três pontos para que você seja mais intencional:

1. Decisão: diz respeito à atitude de desejar ardentemente a realização do sonho. Lembra do conceito de sonho de que acabamos de falar? Tome a decisão de realizar seu sonho. Uma vez que tomou a decisão, você precisa ter a determinação para agir.
2. Determinação: é uma decisão de ir até o fim. E como eu faço para chegar até o fim? Você precisa saber lidar com a sua mente condicionada, porque o que impede as pessoas de seguir em frente e de fazer aquilo que tem que ser feito é a mente condicionada aos velhos hábitos e crenças.
3. Fé: quando os nossos sonhos se encontram com os sonhos de Deus, Ele se torna nosso sócio na empreitada.

Mesmo que pareça impossível a realização do seu sonho, se você tem fé que esse sonho vem de Deus, não desanime!

Talvez você esteja olhando só a parte que lhe cabe, a sua parte no processo. Lembra que falamos que os sonhos dependem do nosso agir, de sermos intencionais, mas também do agir de Deus? Comece a ter fé que esse sonho é possível, e Deus também vai agir nesse sonho. É como a Bíblia nos ensina: *"Confia no Senhor de todo o teu coração e não te estribes no teu próprio entendimento. Reconhece-o em todos os teus caminhos, e ele endireitará as tuas veredas"* (Provérbios 3:5-6).

Então, simplesmente confie e Ele vai agir no seu sonho junto com você. Seja intencional em seu sonho e tenha em mente estes três pontos: Decisão, Determinação e Fé.

Falando em fé, queremos encorajá-lo aqui a jamais matar os seus sonhos. Não seja o assassino dos seus sonhos! A Bíblia fala que o inimigo das nossas almas veio para roubar, matar e destruir. Então, sempre que se trata de sonhos, ele quer de alguma forma roubar, matar ou destruir esses sonhos. Ele faz você acreditar em algumas mentiras do tipo: *Não tenho sonhos, não mereço ter sonhos, estou muito velho para ter sonhos,* e assim vai. Não acredite nessas mentiras. No entanto, como já ensinamos antes, você precisa ser intencional para realizar seus sonhos. Ser intencional significa que você precisa colocar em prática uma palavra que é fundamental para esse sonho ser realizado: Planejamento.

Assim diz a Bíblia: *"Qual de vocês, se quiser construir uma torre, primeiro não se assenta e calcula o preço, para ver se tem dinheiro suficiente para completá-la? Pois, se lançar o alicerce e não for capaz de terminá-la, todos os que a virem rirão dele, dizendo: 'Este homem começou a construir e não foi capaz de terminar'"* (Lucas 14:28-30).

Então, não adianta sonhar com a torre: você precisa planejar! É assim que Deus vai abençoar os seus sonhos. Por exemplo, se você sonha em casar e ter uma família, vai precisar de recursos para isso. Você vai precisar talvez estudar como ser um bom marido ou uma boa esposa. Se você compreende que muitos casais brigam e até se divorciam por questões financeiras, talvez tenha que estudar mais sobre finanças para melhorar a convivência e preservar o seu casamento.

Vamos conhecer um exemplo de casamento destruído, dentre muitos outros que conhecemos: temos uma amiga, a Gisele, que antes da sua separação nos contou que o problema não era a falta de amor: ela não se entendia com o marido quanto ao uso do dinheiro, aos gastos. O casal misturava o dinheiro do salário dela, concursada, com o da pequena padaria que ele tinha junto com a família dele. Não separavam as contas. Isso a deixava muito estressada, até que o casamento acabou.

Outro exemplo de planejamento: se temos o sonho de fazer uma viagem para Israel, preciso começar a ver o preço da passagem, hotel, quais gastos eu vou ter por lá e me planejar para isso. Normalmente, grande parte dos sonhos que Deus nos dá precisa sim de recursos. É aí que entra o planejamento.

Nosso objetivo aqui é fornecer subsídios importantes para direcioná-lo na definição dos seus sonhos. Como disse o Gato na história de Alice no País das Maravilhas, *se você não sabe para onde quer ir, qualquer caminho serve*. Você precisa de intencionalidade, decisão, planejamento e fé para conquistar os seus sonhos mais genuínos. Por isso dedicamos este capítulo precioso para te encorajar a sonhar, e começar agora mesmo a definir os seus sonhos.

Então, terminando este capítulo, coloque em prática estes cinco passos. Eles são simples, porém muito poderosos:

1 Vá para um lugar silencioso.
2 Ore pedindo a Deus que revele em seu coração os sonhos que Ele tem para você.
3 Comece a escrever no papel sete sonhos que Deus colocar no seu coração. Não julgue esses sonhos; simplesmente escreva, por mais abstratos que eles pareçam. Escreva os sonhos que lhe vierem à cabeça.

4  Ordene esses sonhos em ordem de importância, sendo 1 o mais importante e 7 o menos importante.
5  Escolha os três primeiros e direcione sua energia, neste ano que estamos vivendo, para realizá-los.

Comece a partir de agora a ser intencional para realizar esses três sonhos. Com certeza você vai precisar de recursos para alcançá-los.

Queremos que você seja capaz de fazer a sua parte e com isso permitir que Deus faça a parte d'Ele para realizar os seus sonhos. Porque Deus não criou você simplesmente para passar a vida pagando contas!

3

# COMO TER MAIS DINHEIRO E MANTER AS FINANÇAS CONTROLADAS

Neste capítulo vamos mostrar como é possível ter mais dinheiro, manter as finanças controladas e gerar riqueza, independentemente de quanto você ganha. O que será que quem tem muito dinheiro pensa e que o faz ser cada vez mais rico? Você já se perguntou isso? Será que os pensamentos dos ricos são bíblicos?

A verdade é que muitos cristãos não entendem o propósito do dinheiro na sua vida, e acham que é pecado se preocupar em cuidar do dinheiro que Deus coloca nas suas mãos. O que muitos não sabem é que fomos ordenados não só a cuidar dessas sementes, mas também a multiplicá-las.

Se você quer melhorar a sua vida financeira, quer viver as promessas que Deus tem para a sua vida, fazer sobrar dinheiro e realizar sonhos, vai precisar saber administrar as suas finanças e mantê-las controladas segundo a Bíblia. Vai precisar mudar sua mentalidade e começar a fazer diferente, como foi o caso da Marilei. Ela se comprometeu a aprender e a colocar em prática tudo o que estamos mostrando aqui e viu transformações na sua vida que muitas pessoas sequer imaginam ser possível.

O caso da Marilei foi o seguinte: ela tinha preconceito contra "ser rico". No entanto, aos poucos foi aprendendo que não há problema em ser rico, mas sim em ser apegado ao dinheiro (ganância, avareza e idolatria). O fato é que a situação financeira da Marilei não estava boa, e isso começou a atrapalhar as outras áreas da sua vida. Quando ela começou a agir segundo os princípios bíblicos sobre riqueza e finanças, começou a ver mudanças. Ela começou a estudar sobre finanças e entendeu os "segredos dos bancos", como recuperar valores pagos indevidamente ou de forma abusiva para eles. Marilei conseguiu receber do seu banco um valor de 8.235 reais, a que nem sabia que tinha direito. Conseguiu pagar um empréstimo de 28 parcelas e o quitou com juros bem menores, com base na educação financeira. Já fazia muitos anos que Marilei estava no vermelho e não conseguia sair das dívidas. Porém, a partir do momento em que decidiu organizar a sua vida financeira, ela conseguiu colocar em ação um projeto que estava parado há muitos anos. Era um projeto para criar e vender roupas infantis. Marilei já começou a receber encomendas e a aumentar a sua renda. Também aprendeu a investir, mesmo sem acreditar, no início, que fazer investimentos fosse algo ela.

A história da Marilei é incrível né? Ela recebeu 8.235 reais de volta do banco, quitou o empréstimo, conseguiu sair do cheque especial, aumentou a renda, começou a investir e melhorou outras áreas da sua vida. Incrível que, com o conhecimento correto, ela conseguiu ter as finanças controladas. Isso tem muito a ver com ter mais dinheiro, e tem muito a ver com o que acontece quando nos propomos a ser bons mordomos, bons administradores dos recursos que Deus coloca nas nossas mãos.

Muita gente acha que porque não tem dívidas tem as finanças controladas, mas não é isso que a Bíblia diz. Para você ter as finanças controladas segundo a Bíblia, é preciso muito mais. No decorrer deste livro você terá um entendimento cada vez maior sobre isso.

Nos primeiros capítulos mostramos histórias de pessoas que se transformaram e começaram a ter mais dinheiro para realizar sonhos. Isso é edificante para a sua fé e mostra que é possível, mas é preciso saber que nada vai acontecer se você não se comprometer com o processo.

Infelizmente fomos programados desde crianças para pensar como pessoas pobres e não prósperas. Pode soar estranho, mas sim! Se você quiser prosperar e ter mais dinheiro, precisa aprender o que é isso e principalmente como fazê-lo!

Existe uma expressão bem conhecida para quem estuda finanças pessoais e que você vai aprender aqui também, além dos conhecimentos bíblicos que vamos passar. Trata-se da expressão "a corrida dos ratos".

Vamos explicar mais à frente o que significa "a corrida dos ratos", mas primeiro é preciso entender que, se você tem a educação financeira da média dos brasileiros, o fato é que você não pensa como rico, e isso o está impedindo de ter mais dinheiro para realizar sonhos. Quando você entende a lógica da geração de riqueza, tudo começa a fazer sentido. É como se as "vendas" dos seus olhos fossem tiradas para uma nova realidade. Então, a nossa oração hoje, aqui, é para que você abra os olhos para o que vamos mostrar agora.

### A lógica do enriquecimento!

Muitas pessoas pensam assim: "Eu até ganho bem, mas não tenho dinheiro para nada". Ou você pensa que não consegue fazer sobrar porque ganha mal? Não são poucos os que nos perguntam: "Afinal, o que tenho que fazer para sobrar dinheiro?". A verdade é que isso tem muito a ver com a lógica do enriquecimento.

Provavelmente, boa parte do que você aprendeu sobre finanças, desde a infância, está errado. Seus pais, professores ou as pessoas que você ama certamente quiseram ajudá-lo, dando bons conselhos sobre finanças, mas essas pessoas estavam dando conselhos sobre algo que elas não sabiam, mesmo sendo por amor a você. Mas por quê? Porque elas não foram educadas para lidar com o dinheiro. Seu pastor, padre ou líder espiritual também quer ajudar, oferecendo bons conselhos, mas na sua grande maioria eles também não foram educados sobre finanças.

É por isso que nós temos muitos alunos e mentorados que são líderes espirituais, como é o caso do Jonil, que é um pastor. Ele vai ajudar você a entender um pouco mais sobre isso.

O Jonil é pastor e também trabalha com martelinho de ouro (funilaria de veículos). No início ele duvidou que poderia mudar o rumo das suas finanças com base neste conteúdo de educação financeira segundo os princípios bíblicos. A sua mente condicionada dizia: será que dará retorno? Será que funciona mesmo? Será que traz resultado? Seguindo um método estruturado, ele conseguiu reverter cerca de R$ 3.520,00 só de taxas. Aprendeu os segredos dos bancos e recebeu de volta um valor de R$ 5.159,04, além de aprender a ganhar dinheiro usando o cartão de crédito.

Ele também se tornou um investidor em pouco tempo, coisa que sempre desejou, mas não sabia como. Aumentar a renda também foi um aprendizado importante. Ele e a esposa começaram a produzir tortas e salgados. Houve uma verdadeira transformação, incluindo redução de gastos. O Jonil nem sabia que tudo isso era possível, mesmo sendo um líder espiritual. Depois de ter acesso a esses ensinamentos, a sua visão se abriu.

Mas por que ele não fazia isso antes? Porque ele não sabia como, não estava preparado para isso. Estamos mostrando o exemplo do Jonil, que é pastor, para que você entenda que nossos pais e nossos líderes espirituais querem o nosso bem, mas muitas vezes não estão preparados para nos orientar na área financeira. O que acontece? Cada um acaba falando da sua própria experiência. E essa experiência nem sempre é a correta.

No final, o que acontece é que, ao seguir alguns conselhos de quem não está preparado para nos orientar financeiramente, acabamos agindo como tolos, correndo atrás, trabalhando duro e vivendo apenas para pagar contas.

Nos capítulos anteriores mostramos que não há sentido em viver apenas para pagar contas. E, se você é alguém que não consegue fazer sobrar dinheiro, temos outra verdade bíblica que pode parecer chocante.

Se você não consegue fazer sobrar dinheiro, é um tolo! Isso é o que a Bíblia diz. Veja só em Provérbios 21:20: "*O homem de bom senso economiza, e tem sempre bastante comida e dinheiro em sua casa; o tolo gasta todo seu dinheiro assim que o recebe*".

Quem gasta todo o seu dinheiro é alguém que não faz sobrar. E, segundo a Bíblia, quem não faz sobrar é tolo! Então nos perdoe, mas o nosso Ministério precisa ser franco e dizer a verdade, por mais dura que ela pareça. Às vezes a verdade não é confortável. Não é gostosa de ouvir. Mas é a verdade que liberta. Não é à toa que a Bíblia diz: "*Conhecereis a verdade e a verdade vos libertará*".

Grave na sua mente e no seu coração: se você não consegue fazer sobrar dinheiro, segundo a Bíblia você é tolo! E aqui já temos uma pista do motivo de muitas pessoas que creem na palavra, e que muitas vezes até praticam seus dízimos e doações, não prosperarem financeiramente. Também explica por que muitas pessoas que ganham bem não têm dinheiro para nada: segundo a Bíblia, essas pessoas são tolas! Elas simplesmente gastam tudo o que ganham! Isso sem falar naquelas que gastam mais do que ganham e acabam ficando endividadas, o que é pior ainda.

A primeira frase que queremos deixar de ensinamento para você neste capítulo é a seguinte: só você pode controlar os seus gastos! Deus não vai controlar seus gastos por você. Ele vai dar sabedoria para administrar, mas esse trabalho é seu! Essa é uma atribuição sua!

Então, registre este ensinamento: uma das respostas é que não tem a ver com o quanto você ganha, mas com o quanto você gasta. Mude sua mentalidade.

Já falamos sobre a importância de ser um bom administrador daquilo que Deus dá a você. Você é filho de Deus, tem herança e identidade n'Ele, e Deus faz a parte d'Ele. Ele lhe dá sementes. Mas sabe o que o tolo faz? Gasta tudo o que Deus deu! E come até a semente que era para ser plantada! Corta as árvores e as consome.

Semente não foi feita para comer, e sim para plantar e multiplicar. Lembra daquela compra que você fez e se arrependeu depois? Daí o tolo faz o quê? Ele continua desperdiçando as sementes e ainda fica orando para Deus mandar provisão para pagar suas contas. Misericórdia!

Veja como o povo perece por falta de conhecimento. O fato é que as pessoas trabalham pelo dinheiro que vai manter seu padrão de vida naquele mês. Elas não cumprem princípios. Você precisa ter o dinheiro do seu orçamento destinado ao "eu mereço" sim, que é torrar uma parte com aquilo que faz bem a você, mas também precisa multiplicar as sementes que Deus coloca nas suas mãos.

E as pessoas que não cumprem princípios, que não são maduras para lidar com o dinheiro, que gastam tudo o que ganham, se tornam escravas dele, se tornam eternas pagadoras de contas e sempre terão que trabalhar mais para manter aquele padrão de vida. Esse é outro grande efeito colateral de quando não temos nossa verdadeira identidade em Cristo: quando não sabemos realmente quem somos em Cristo, queremos ter muitas coisas porque o vizinho também tem, e aí começa uma disputa de quem tem mais; não podemos "perder" para ele. Quem tem a bolsa melhor, o sapato melhor, o carro melhor. Manter essa situação custa caro, muito caro.

As pessoas que não conhecem sua verdadeira identidade desperdiçam muito dinheiro em busca de autoafirmação; elas precisam ser aceitas de alguma forma. Isso é uma grande armadilha. Elas acabam gastando tudo ou até mais do que ganham para manter algo que não existe.

O que queremos que você entenda aqui é que existe um padrão que nossos avós aprenderam, passaram para nossos pais e nós recebemos isso deles. Esse é o padrão exato do que se chama, em educação financeira, corrida dos ratos. Para explicar como funciona, vamos exemplificar.

*Imagine um ratinho correndo numa daquelas rodas.*

*Ele sempre corre, se cansa, mas nunca sai do lugar. Na vida financeira é assim também, e infelizmente essa ainda é a regra ensinada nas nossas escolas e que tem levado milhares de pessoas a levar uma vida de sofrimento nas finanças.*

*E qual é esse padrão? Tem tudo a ver com a história de muitas pessoas. É um ciclo vicioso.*

*Estude muito...*

*Arrume um bom emprego...*

*Viva a vida que você merece...*

*Compre seu carro...*

*Compre sua casa....*

*Arrume um emprego melhor para poder pagar as prestações do carro e da casa...*

*Estude mais...*

*Coloque os filhos em escolas boas, porque educação é tudo...*

*Arrume um emprego melhor para dar conta de pagar tudo...*

*E isso vira um ciclo que só faz você escravo do seu próprio padrão de vida.*

As pessoas compram um carro, mas não lembram que esse carro vai tirar dinheiro do bolso delas todos os meses. Que terão que pagar IPVA, seguro, combustível etc. Elas vão ter que trabalhar cada vez mais. As pessoas compram uma casa, mas não lembram que essa casa vai gerar pagamento de juros do financiamento, IPTU, despesas de manutenção, condomínio e assim vai. Então, a forma como os nossos pais foram educados e como grande parte do mundo foi educada é esta:

Trabalhe cada vez mais duro...

Ganhe mais dinheiro...

E com esse dinheiro compre coisas...

Essas coisas vão gerar despesas mensais...

E você vai ficar escravo dessas coisas para o resto da vida... E vai ter que trabalhar cada vez mais para sustentar e manter essas coisas.

Esse é o exato pensamento do pobre!

E aqui respondemos à pergunta-tema deste capítulo: por que você ganha bem e nunca tem dinheiro? Porque você faz exatamente isso que mostramos agora...você compra coisas que geram mais despesas.

Reflita sobre as suas compras. Seu carro, casa etc. Saiba que os pobres compram passivos. O que são passivos? São coisas que vão tirar dinheiro do bolso todos os meses.

O seu carro é um passivo, porque ele tira dinheiro do seu bolso todos os meses. A casa que você mora é um passivo, porque tira dinheiro do seu bolso todos os meses (IPTU, condomínio etc.). Sua casa de praia é um passivo, porque também tira dinheiro do seu bolso todos os meses.

O pobre gasta todo o dinheiro dele em passivos achando que está fazendo bons investimentos. Isso quando não é enganado pelo gerente do banco comprando um título de capitalização (que na verdade é loteria disfarçada) ou previdência privada com altas taxas de administração, que só vai fazer perder mais dinheiro.

Ou ainda quando faz aquele empréstimo consignado em cem meses sem saber que acabou de se colocar em uma prisão financeira total, porque agora esse dinheiro nem sequer vai passar pela sua mão e você não vai ter liberdade para administrá-lo.

E assim você vira escravo desses passivos e sua situação vai piorando. Já perdemos as contas de quantos mentorados se endividaram porque compraram a casa própria ou um terreno para construir de forma não planejada.

Não está errado comprar isto ou aquilo, mas o tempo em que você decide fazer isso pode estar errado. Essas pessoas que se enrolam acabam entrando em um passivo quando não é a hora e depois têm que ganhar ainda mais dinheiro para poder manter isso.

Então, como fazer para ter mais dinheiro e manter as finanças controladas? O fato é que os ricos não vivem nessa corrida dos ratos. Os verdadeiros ricos fazem exatamente o oposto do que fazem os pobres. Por isso eles são ricos.

Não significa que você não precise estudar ou se esforçar. Aliás, é exatamente o contrário. Se você quer de fato prosperar, provavelmente será necessário estudar muito mais do que alguém que está no caminho oposto. Só que você vai estudar coisas diferentes.

O rico quer estudar para aprender a ter mais dinheiro. Ele investe em educação financeira! Para pensar e agir como rico, esqueça quase tudo o que você ouviu desde criança sobre dinheiro e sucesso e comece hoje mesmo a estudar o que o levará a esse objetivo. Se quiser ter mais dinheiro, duas coisas você precisará saber para chegar a este objetivo:

1 Educação financeira.
2 Empreendedorismo.

Você precisa ser bom em comprar ativos e não passivos.

Mas o que é um ativo? Ativo é tudo aquilo que você compra e que coloca dinheiro no seu bolso. Se você aluga uma casa para alguém e esse alguém paga aluguel, essa casa é um ativo. Percebe? É um ativo, porque ela está colocando dinheiro no seu bolso.

A casa em que você mora é um passivo, porque tira dinheiro do seu bolso, mas, se você alugar esse imóvel para alguém e esse alguém pagar aluguel, ele vira um ativo.

Quais são os outros tipos de ativos? Ações que pagam dividendos; títulos públicos que pagam juros; negócios que gerem lucro para você. Qualquer coisa sua que esteja alugada e gere renda. Tudo isso são ativos que colocam dinheiro no seu bolso.

Então, se você quer pensar como rico, tenha metas de comprar ativos e não passivos. Se você quer ter mais dinheiro e manter as finanças controladas, sempre pense assim antes de comprar algo: depois que você comprar isso, o que vai acontecer? Isso vai colocar ou tirar dinheiro do seu bolso?

Se você vai comprar algo e esse algo vai colocar dinheiro no seu bolso todo mês, então é um ativo, e esse tem que ser o seu foco. É com ativos que multiplicamos o nosso dinheiro.

Com passivos apenas desperdiçamos e gastamos cada vez mais dinheiro.

A diferença entre os falsos ricos e os ricos de verdade é que os falsos sempre trabalham mais para ganhar um pouco mais e para gastar o que ainda vão receber no fim do mês.

Os verdadeiramente ricos primeiro adquirem ativos (tudo o que gera renda), e só compram bens que geram despesas depois de terem conquistado ativos suficientes para bancar aquilo. Se você nunca fez isso, fique em paz! A palavra de Deus diz que as suas misericórdias se renovam a cada manhã. Sempre é tempo de melhorar a nossa realidade. Glória a Deus que os seus olhos estão sendo abertos a partir de hoje!

O que não podemos é nos entregar às circunstâncias e viver correndo para não sermos engolidos pela bola de neve das contas que temos a pagar.

### E aí, vamos sair da corrida dos ratos?

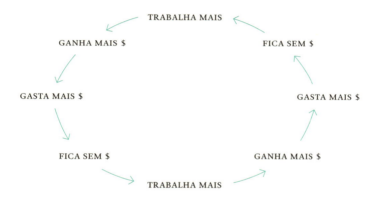

A corrida dos ratos faz as pessoas continuarem correndo atrás do dinheiro por toda a sua vida. Como diria o famoso investidor Warren Buffett: "Se você não encontrar uma forma de ganhar dinheiro dormindo, trabalhará até morrer".

Então, somente a educação financeira e a tomada de riscos calculados no empreendedorismo podem tirar as pessoas da corrida dos ratos e levá-las ao sucesso e à independência financeira.

Será que o único caminho possível é se formar, arrumar um emprego melhor, conseguir alguns aumentos e se aposentar ganhando cinquenta por cento do que se ganhava?

Acreditamos que não. E, se você já se aposentou, lembre-se do que acabamos de falar: nunca é tarde para recomeçar!

Já ouviu falar da rede de restaurantes fast-food KFC? O fundador começou esse negócio depois que se aposentou, pois ganhava muito pouco. Hoje é uma multinacional bilionária, com vários restaurantes espalhados pelo mundo. Já pensou se o fundador tivesse acreditado que, por estar aposentado, não poderia fazer mais nada?

O sucesso financeiro depende das nossas ações e das sementes que vamos plantar. Por isso, devemos tomar cuidado com as nossas escolhas para não vivermos a corrida dos ratos.

Finalizamos este capítulo dizendo que a responsabilidade de chegar ao sucesso financeiro é totalmente sua. Deus já fez a parte d'Ele. Falta fazer a sua. A educação financeira neste ponto também é fundamental, pois cerca de setenta por cento das famílias brasileiras têm dívidas[2]. Mais de noventa por cento dos brasileiros não conseguem poupar sequer um real no final do mês[3]. Infelizmente são tolos, como diz a Bíblia.

Estamos falando aqui de pessoas que podem ganhar muito dinheiro com seus dons e talentos, se tiverem uma boa educação financeira, mas acabam gastando tudo o que recebem (ou até mesmo mais do que recebem).

---

**2** Percentual de famílias com dívidas chega a 70% e Brasil atinge o maior nível em 11 anos, aponta CNC. *G1*, 1 de jul. de 2021. Disponível em: <https://g1.globo.com/economia/noticia/2021/07/01/percentual-de-familias-com-dividas-chega-a-70percent-e-brasil-atinge-o-maior-nivel-em-11-anos-aponta-cnc.ghtml>. Acesso em 29 set. 2021.

**3** 90% dos brasileiros não guardam dinheiro para a aposentadoria, diz estudo. *InfoMoney*, 27 de jun. de 2020. Disponível em: <https://www.infomoney.com.br/economia/90-dos-brasileiros-nao-guardam-dinheiro-para-a-aposentadoria-diz-estudo/>. Acesso em 29 set. 2021.

4

# É POSSÍVEL SAIR DAS DÍVIDAS E NUNCA MAIS VOLTAR?

Vamos começar este capítulo apresentando o caso da Jailma para você se inspirar e ver que realmente é possível sair das dívidas e nunca mais precisar fazer empréstimos.

A Jailma vivia pedindo a Deus uma solução, uma saída para sua vida financeira. Ela trabalhava o dia inteiro, de segunda a sábado, das sete da manhã às 11 da noite, e quando chegava o final do mês não sobrava absolutamente nada. Vivia para pagar contas. A Jailma sempre sonhou em fazer a reforma da sua casa, mas o dinheiro nunca sobrava. Então, ela vivia correndo atrás de um empréstimo que pagasse menos juros para viabilizar a realização dos seus sonhos. Ela nunca foi muito habilidosa para lidar com bancos e não conhecia caminhos para realizar sonhos sem precisar tomar emprestado. Porém, após decidir mudar sua situação financeira e investir em conhecimento sobre finanças, a Jailma abriu uma conta em um banco digital, parou de pagar taxas e começou a investir em três corretoras de investimentos. Assim começou o seu processo de organização financeira, e hoje ela tem três investimentos que serão usados para reformar sua casa, sem precisar fazer empréstimo.

A Jailma é cabeleireira e se matava de trabalhar apenas para pagar contas. Quando teve acesso a esse conhecimento que você está começando a ter aqui, ela saiu das dívidas, se tornou investidora e agora vai conseguir realizar o sonho da reforma sem pegar empréstimo. Ou seja, ela não vai mais precisar voltar para as dívidas.

E um dos pontos chave para tudo isso acontecer, é entender que você deve começar a ter uma verdadeira metanoia financeira, que significa uma mudança de pensamento, mudança de comportamento muitas vezes por meio de um arrependimento com relação ao modo de administrar e investir suas finanças. Lembre-se de Provérbios 4:23: *"tenha cuidado com o que você pensa, pois a sua vida é dirigida pelos seus pensamentos"*. Na vida financeira, são os seus pensamentos que geram as ações e os resultados. O dinheiro que você tem de saldo hoje veio disso. Como está escrito em Provérbios 23:7: *"Assim como pensas em tua alma, assim tu és"*.

Se você quer melhorar sua vida financeira, se quer viver as promessas que Deus tem para sua vida, e realizar sonhos, vai precisar saber administrar suas finanças e começar a pensar diferente. Sabemos que é impossível mudar seu comportamento para sair do vermelho, fazer sobrar dinheiro e investir para realizar os sonhos de Deus na sua vida sem passar por essa metanoia financeira. Continue acompanhado a leitura deste livro e tudo fará sentido para você.

Dito isso, vamos começar perguntando: será que é possível manter as finanças controladas e nunca mais ter dívidas? Será que você consegue? Essas são as perguntas que nós mais recebemos, juntamente com a clássica "como sair das dívidas?".

Também nos perguntam: "Eu tenho uma dívida impagável. É possível sair dela?". Vamos mostrar dentro da Bíblia a resposta para isso. Vamos mostrar também provas reais do que a Bíblia diz que realmente funciona! É real! é verdadeiro! Lembre-se *"Conhecereis a verdade e a verdade vos libertará"* (João 8:32). *"Jesus disse: Eu sou o Caminho, a Verdade e a Vida!"* (João 14:6). Vamos conhecer a verdade sobre as dívidas.

O que a Bíblia diz sobre as dívidas?

A perspectiva bíblica sobre as dívidas é muito clara! Veja o que diz a primeira parte de Romanos 13:8: "*A ninguém devais coisa alguma...*". Em Provérbios 22:7 aprendemos por que o Senhor fala tão diretamente sobre dívidas: "*Assim como os pobres são dominados pelos ricos, quem pede dinheiro emprestado se torna escravo de quem empresta*".

Quando estamos endividados, ficamos em uma posição de dependência, de servos em relação a quem emprestou. Dessa forma, não temos total liberdade de escolha para decidir onde gastaremos nossa renda, porque já nos obrigamos legalmente a pagar essas dívidas. Se a dívida for de empréstimo consignado, então, nem se fala. Esse é o pior tipo de empréstimo que você pode pegar, porque ele jamais vai te dar a opção de escolher, ou não, pagar.

A verdade é que Deus não quer você preso a absolutamente nada. Ele quer você livre para adorá-lo. Todo o plano de redenção consumado na cruz foi para que possamos ser livres e não escravos de nada. Tem muita gente negligenciando educação financeira e ignorando os conselhos bíblicos sobre finanças porque acredita que se cuidar das finanças vai ficar rico e não vai para o céu. Porém, na verdade, essas pessoas são escravas do dinheiro.

Elas deixam de ter liberdade, e de cumprir seu chamado em Cristo, para correr atrás de dinheiro. Porque não sabem como lidar com o dinheiro, muitas delas acabam se endividando. Mas entenda que Deus quer você livre para adorar somente a Ele.

Ele não quer que você seja servo de ninguém que te emprestou. Em 1 Coríntios 7:23, Paulo escreve: "*Por preço fostes comprados, não vos torneis escravos de homens*". O sacrifício da redenção também foi feito para que você jamais se torne escravo das dívidas. Deus te quer livre de todas as formas para que você possa servir apenas a Ele.

No Antigo Testamento uma das consequências para a desobediência a Deus era ter dívidas. Claramente o endividamento era uma das maldições infligidas pela desobediência. Veja: *"Então virão todas essas maldições sobre ti e te alcançarão... Ele te emprestará a ti, porém tu não lhe emprestarás a ele"*.

E o oposto acontece quando obedecemos a Deus. Em Deuteronômio 28:1-2, 12, a Bíblia diz: *"Se atentamente ouvires a voz do Senhor teu Deus, tendo cuidado de guardar todos os seus mandamentos que hoje te ordeno, o Senhor teu Deus te exaltará sobre todas as nações da terra. Se ouvires a voz do Senhor teu Deus, virão sobre ti e te alcançarão todas essas bênçãos. Emprestará a muitos porém tu não tomarás emprestado"*.

Observe: se for obediente a Deus, você se torna credor e não devedor!

Podemos então concluir que a dívida é uma consequência da nossa desobediência a Deus com relação aos princípios bíblicos sobre finanças.

Além disso, uma das contradições em contrair dívidas é que, quando fazemos dívidas, estamos fazendo suposições antecipadas sobre o amanhã. Existem pessoas tão descontroladas nas finanças que gastam o dinheiro já contando com o salário que vai cair nos próximos meses. Com você é assim também?

Você compra passivo ou contrai alguma despesa contando com o que ainda vai receber? Isso é uma tolice!

A Bíblia nos diz em Tiago 4:13-15 que: *"Atendei agora, vós que dizeis: Hoje ou amanhã iremos para a cidade tal, e lá passaremos um ano, e negociaremos e teremos lucros. Vós não sabeis o que sucederá amanhã. Que é a vossa vida? Sois apenas como neblina que aparece por instante e logo se dissipa. Em vez disso devíeis dizer: Se o Senhor quiser, não só viveremos, como faremos isto ou aquilo"*.

Então fazer dívidas pode soar como um ato de independência em relação a Deus, já que presumimos que tudo continuará como está, ou ainda que Deus vai me abençoar e por isso vou conseguir pagar essa dívida. É um erro. Vai contra o que Tiago nos ensina. Se você faz dívidas contando com o que vai receber, depois aparece uma crise e você perde o emprego... E agora? Seus planos fracassaram.

Contrair dívidas pode tirar a oportunidade de Deus agir. Já pensou nisso?

Pense o seguinte: se você foi um servo bom e fiel em administrar suas finanças e ainda assim está faltando recursos para cumprir os propósitos de Deus, nós o incentivamos a clamar a Ele e ver o milagre acontecer na sua vida. Clame a Deus e diga: *Senhor, eu preciso desse recurso para cumprir Teu propósito, mas não quero pegar empréstimo, porque sei que isso vai contra a Tua palavra. Faça o Teu milagre!* Nesse caso você vai ver Deus agir na sua vida.

Às vezes Ele vai agir concedendo um cartão de crédito ou algo que você nem pensava que poderia receber neste momento. Outras vezes, vai mandar o recurso mesmo, por intermédio de alguém ou até mesmo dos seus talentos produzindo renda extra. A verdade é que, quando o seu desejo está alinhado com o propósito de Deus e você clama, de alguma forma aquilo vai acontecer no tempo de Deus.

Acreditamos que é propósito de Deus que você esteja aqui lendo este livro e aprendendo sobre educação financeira firmada na rocha que é a palavra de Deus.

Mas então você pode dever algum dinheiro? A Bíblia não nos diz exatamente *quando* podemos dever. É fato que muitas empresas crescem com dinheiro de outras pessoas. Essa é uma forma de alavancagem empresarial. Nossa sugestão é que, se for na sua vida pessoal, jamais deva nada a não ser que isso seja claramente um propósito de Deus. Se for fazer isso, tenha muita certeza de que conseguirá pagar. No caso de empresas, é importante ter clareza sobre a rentabilidade e o fluxo de caixa do seu negócio; ele precisa ser maior que o custo da própria dívida para não haver prejuízos e mais endividamento.

Se você tiver dívidas hoje na sua vida pessoal, se esforce para eliminá-las rapidamente, como fizeram vários dos nossos alunos mentorados do Programa Completo Eu Controlo Minhas Finanças do Ministério Cristão Rico. Parece mágica, mas é Deus respondendo e agindo na medida da obediência dessas pessoas.

Então, se você for um empresário, pode ser que, em alguns momentos, empréstimos possam ser necessários para o crescimento da sua empresa, mas ainda assim ore e confirme com Deus se esse é o caminho. Neste caso, em especial, fique atento a estes três itens:

1  O empréstimo será investido em algo capaz de produzir uma nova renda para a empresa? (É ativo, que vai colocar mais dinheiro no meu bolso? Ou é passivo, que vai tirar dinheiro?)
2  O valor de mercado do item que vou comprar é maior do que o valor que vou emprestar?
3  Consigo pagar a dívida com folga com o meu faturamento se esse novo projeto der errado?

Fica o alerta: fuja de qualquer artimanha para não pagar suas dívidas se tiver como pagar. Isso é bíblico! Veja o que diz Provérbios 3:27-28: *Não digas ao teu próximo vai e volta amanhã, então te darei, se o tens agora contigo.*

Porém, queremos dizer uma coisa para você que está desesperado com dívidas que parecem impagáveis: não existe dívida eterna. As dívidas prescrevem, e você precisa ter a informação correta para o seu caso.

Então, devo usar todas as minhas economias para pagar as dívidas? A resposta é não! Você deve organizar as finanças para que consiga honrar as suas dívidas de maneira íntegra e planejada.

Se você esgotar todas as suas economias pagando uma dívida, certamente terá que entrar em uma nova dívida. Por isso ter as finanças controladas é tão importante.

Esse é o motivo de ensinarmos aos nossos mentorados como ser fiel na administração do pouco, fazer sobrar dinheiro e ter as finanças controladas.

Sim, é possivel sair das dívidas! Acredite: não existe dívida eterna. Não existe dívida impagável que não tenha solução. Grave isso no seu coração e tenha paz para seguir o processo!

Existem pessoas que perdem a paz com o medo de ter o nome no SPC/Serasa. Os bancos sabem disso e transformam esse medo no bicho-papão dos devedores. Se esse é o seu caso, aqui vai uma dica de ouro para sair definitivamente das dívidas.

O segredo número 1 para quitar dívidas é não ter pressa. Muitos se afundam cada vez mais em dívidas por causa do medo de ter o nome no SPC/Serasa e ser protestado em cartório. Você também tem esse medo? Os bancos e credores se aproveitam disso para empurrar financiamentos sobre financiamentos, confissões de dívida sobre dívida, de forma que o débito se multiplique e vire uma bola de neve.

Então, o primeiro conselho que damos é: não tenha medo de ter seu nome protegido nos órgãos de proteção. Sim, não chamamos de nome negativado, mas de nome protegido, porque SPC/Serasa é só um cadastro que te protege de se afundar em novas dívidas.

Algumas vezes, dependendo da sua situação financeira, a maior bênção que pode lhe acontecer é ter o nome protegido, porque isso vai ajudar você a não fazer novas dívidas e a partir daí, claro, vai forçá-lo a começar a controlar suas finanças para poder fazer sobrar dinheiro e pagar essas dívidas.

Você pode até pensar: "Ah, mas a Bíblia fala que *mais vale um bom nome do que muitas riquezas*" em Provérbios 22:1-9 e também em Eclesiastes 7:1; "*Mais vale o bom nome do que o melhor dos perfumes*". Está tudo correto, mas entenda o seguinte: a Bíblia está falando de ser alguém confiável e que deixa um legado. Ter um bom nome é ser confiável, é deixar um legado. É cumprir os propósitos de Deus na sua vida como um todo. Fixe isso na sua mente. Tenha essa metanoia financeira.

Então, o que a Bíblia diz não tem a ver com um cadastro. Não dizemos isso para você ficar tranquilo se seu nome estiver lá no spc/Serasa. Não, não! É para você entender o real significado das situações e não sofrer com um medo inexistente.

É claro que não é propósito de Deus que você tenha dívidas, mas entenda que, se você não tem condições de pagar algo que deve, é melhor que o seu nome esteja no cadastro de proteção para você colocar sua vida financeira no rumo certo novamente. Só não pode se acomodar com isso, né?

Ao contrário do que muitos educadores financeiros ensinam, se for possível evite perder o cartão de crédito, porque isso realmente ajuda em momentos como esse. Não empreste seu nome!

E grave no seu coração o que vamos dizer: *pare de fazer empréstimos em cima de empréstimos. O primeiro passo para sair do buraco é parar de cavar!*

Espero que você tenha dado hoje mais um passo de metanoia financeira neste capítulo. Sua jornada está só começando, e esperamos que você tenha entendido que sim, é possível sair das dívidas em muito menos tempo do que você imagina. Você só precisa de conhecimento e orientação específica para saber como agir. Você pode sair das dívidas assim como aconteceu com o Renan.

Renan levava uma vida no vermelho fazia mais de cinco anos. Desde a época da faculdade ele entrou nesse processo de endividamento. Quanto mais trabalhava, mais ganhava e parecia que menos tinha. Renan se especializou na sua área de atuação profissional, mas nunca deu muita atenção ao estudo das finanças. Ele tinha o pensamento de que bastava ser fiel, devolvendo o dízimo, primícias, ofertas, ofertas alçadas, e isso seria suficiente para Deus o abençoar.

Porém, Renan foi aprendendo que precisava ser um bom mordomo, um bom administrador dos recursos que Deus nos dá. Essa foi a verdadeira metanoia na sua vida. Essa mudança de mentalidade começou a gerar outros hábitos. Ele encarou a realidade para tomar o controle da sua vida financeira.

Ele seguiu as mesmas orientações bíblicas que você está recebendo neste livro e passou a mudar de comportamento, mesmo enfrentando obstáculos e notícias tristes, como o falecimento do seu pai adotivo. Em meio às lutas, conseguiu que três bancos restituíssem valores. Começou a entrar em negociações com os bancos com mais segurança e autoridade, pois agora tinha conhecimento. A sua vida financeira começou a se reorganizar. Ele também começou a produzir coisas novas, porque, quando mudamos de mentalidade, não somente saímos das dívidas como começamos a investir e usar nossos recursos de outra forma. Até a esposa do Renan se engajou no processo, e ele conseguiu ampliar suas fontes de renda e até escrever o primeiro livro de poemas, o *Raízes profundas*.

No Cristão Rico nós temos um método passo a passo que realmente funciona tanto para a pessoa física como para empresários. São centenas e centenas de casos como o do Renan.

Assim, é importante nunca esquecer no seu coração que os planos de Deus são perfeitos e bem maiores que os nossos: *"Porque sou eu que conheço os planos que tenho para vocês"*, diz o Senhor, *"planos de fazê-los prosperar e não de lhes causar dano, planos de dar-lhes esperança e um futuro"* (Jeremias 29:11).

Se você está preocupado com problemas financeiros, faça um propósito com Deus. Fazer um propósito com Deus é fazer uma aliança, um pacto, que passa pelo processo de arrependimento. Peça a ele perdão pelos erros financeiros que você cometeu até aqui. Depois disso, fale para Deus que você está disposto a aprender sobre os ensinamentos d'Ele para a sua vida financeira. Isso porque agora você sabe que os ensinamentos d'Ele levam a prosperar e não a causar danos.

É fato que existem muitos erros que você cometeu ou comete na sua vida financeira que estão desagradando a Deus e você nem sabe. Foi assim também conosco. Muitos desses erros você ainda nem compreende, mas vai aprender no decorrer da leitura deste livro, por isso é tão importante que chegue até o final.

Você vai aprender princípios bíblicos poderosos que talvez nunca tenha imaginado e agora vai começar a ver. É como diz um dos nossos mentores: quando a gente vê, não consegue mais desver! Não dá para deixar de enxergar depois que a gente conseguiu enxergar.

Nossa missão aqui é tirar as "vendas" dos seus olhos e fazê-lo ver alguns ensinamentos sobre finanças à luz da Bíblia que você não enxergava antes.

5

# A MENTE DO CRISTÃO PRÓSPERO

O tema central deste capítulo é a chave para o desenvolvimento da vida financeira dos cristãos. A mente de um cristão próspero é o que diferencia aquele que vai realmente conseguir, ter suas finanças controladas, fazer sobrar dinheiro e investir para realizar os sonhos de Deus na sua vida, daqueles que desistem e dão desculpas para sua própria falta de sabedoria.

Acredite, se você faz sobrar dinheiro e investe para realizar os sonhos de Deus na sua vida, é possível que você tenha uma mente de cristão próspero. Por outro lado, se você ainda não consegue fazer isso, se não faz sobrar dinheiro, se tem dívidas, se não investe e não multiplica os talentos que Deus coloca nas suas mãos, garantimos que você ainda não a tem. Então, neste capítulo vamos aprender a desenvolver a mentalidade de um cristão verdadeiramente próspero e obediente aos princípios de Deus.

Em nosso grupo de mentorados, nos quais ajudamos pessoas comuns a ter as finanças controladas segundo a Bíblia, para fazer sobrar dinheiro e investir para realizar os sonhos de Deus, há alguns meses uma mentorada nos disse: "*Meu Deus, eu sou toda travada para prosperar e não sabia. O que fizeram comigo?*".

E por que ela descobriu isso? Porque ela aprendeu que os frutos financeiros que geramos são resultados das raízes que temos, e essas raízes são nossas crenças.

*Crenças são opiniões formadas ou convicções que temos que* são fruto *das nossas experiências.* Imagine uma árvore, que foi plantada, adubada e regada. Ela só pode dar bons frutos se a raiz estiver saudável. Se essa mesma árvore tiver raízes podres, os resultados serão podres. E o que são essas raízes na árvore da nossa vida financeira? Você sabe? São as crenças, as coisas em que você acredita. E isso vai determinar os resultados financeiros que você tem. Vai resultar no quanto de dinheiro você tem no banco hoje. Se está no azul no cheque especial.

Se um bilionário perder tudo, em pouco tempo ele reconstrói tudo. Por que isso acontece? Porque as raízes dele são de bilionário. Isso não muda. E se for alguém lá e roubar todos os frutos da árvore dele, o que vai acontecer? É questão de tempo para essa árvore começar a dar outros frutos e se multiplicar, pois a raiz é a mesma.

Esse raciocínio também vale para o caso oposto. Imagine uma pessoa com mentalidade pobre. Se ela ganhar muito dinheiro, será como pendurar muitos frutos de uma vez em uma árvore que tem raízes fracas. O que vai acontecer?

Esses frutos vão cair, ou serão roubados, e a árvore vai parar de dar frutos. E não vai se multiplicar, porque ela não sabe como fazer isso. É isso o que acontece com quem ganha na loteria e de uma hora para outra perde tudo e não recupera mais. Ou quem ganha um prêmio milionário de *reality shows* como o *Big Brother* e perde tudo. É a mesma coisa. A pessoa não volta a ser rica, pois a riqueza não foi gerada pela raiz. Simplesmente alguém foi lá e colocou frutos em uma árvore que não tinha raízes verdadeiras para gerar aqueles frutos.

Entenda que o que vai fazer a árvore da sua vida financeira prosperar e dar muitos frutos são as raízes.

Então, o primeiro aprendizado que você precisa tirar deste capítulo é: você só vai ter o resultado financeiro de prosperidade se a sua mente for próspera. Faz sentido para você?

A gente sempre tem uma tendência a negar o problema, principalmente quando se trata de problemas financeiros. Sempre achamos que o nosso caso é único e não pode ser resolvido com mudança de mentalidade e educação financeira. Mas hoje você vai começar a entender melhor isso.

Nossa vida precisa dessa mudança de mentalidade, dessa metanoia financeira. Sem mudar a raiz da árvore não tem como ela dar frutos diferentes. Se você tiver raiz de macieira, não vai conseguir tirar banana. Você precisa ter raiz de uma bananeira para conseguir ter bananas, entende? Da mesma forma funciona na sua vida financeira: se você tiver raízes de pobreza, escassez, não vai conseguir colher abundância. É como plantar maçã e esperar colher banana. Essa atitude vai contra o princípio bíblico da semeadura.

Queremos dar outro exemplo para você entender esse conceito, que é fundamental para a sua transformação. Imagine um computador. Existe a parte física, que são os *chips* eletrônicos, os componentes e circuitos que formam o computador: teclado, *mouse*, monitor etc. Só que nada disso funciona se não existir uma programação. Cada computador tem um sistema operacional: pode ser Windows ou qualquer outro. Não basta ter a parte física do computador: é necessária uma programação para ele poder funcionar. A parte física do computador é o que se chama *hardware*. A parte de programação é o que se chama *software*.

É assim também com o seu celular. O celular sem uma programação não funciona. Não vai rodar o WhatsApp nele, por exemplo. Ele precisa de um sistema operacional, que é uma programação. Esse sistema operacional pode ser Android, ou outros.

Do mesmo modo, Deus fez o seu corpo, a sua mente e o seu cérebro, mas esse cérebro pode funcionar de várias maneiras diferentes de acordo com a sua programação. A cabeça e o cérebro são a parte física; é como se fossem o *hardware* do computador. Percebe? A programação desse *hardware* é a responsável por fazer você tomar as decisões e levar as coisas na sua vida a funcionar. Essa programação é realizada por meio de um conjunto de crenças que você tem (são as raízes).

Então, vamos lá. Por certo, as crenças são os pensamentos considerados verdadeiros para cada pessoa. Tudo aquilo em que você acredita são crenças, e o seu cérebro toma decisões todos os dias com base nessas crenças. Estudos mostram que a maioria das nossas crenças é formada até os sete anos de idade, ou seja, nos primeiros anos de vida.

Na realidade, as crenças não são sempre verdadeiras ou falsas, certas ou erradas; elas simplesmente são opiniões fortes enraizadas nos pensamentos das pessoas. O fato é que nós não vemos o mundo como ele é: vemos o mundo como nós somos (de acordo com nossas crenças). Isso porque nossos pensamentos criam o nosso mundo.

A partir disso, percebemos que nossas crenças podem nos capacitar ou incapacitar a fazer alguma coisa. Então, para identificar as suas crenças, simplesmente olhe para a sua vida, entenda como você vê o mundo; elas estão dentro de você. Assim, você sempre vai agir ou não agir de acordo com as suas crenças predominantes e seus pensamentos. Saiba que a verdadeira riqueza não é vista com os olhos, mas com a mente.

Pensamentos geram ações, que geram resultados. Você já parou para pensar o que o faz praticar ou não uma ação? São suas crenças. Sua programação. Seu *software*.

Então, podemos dizer que pensamentos (aquilo em que você acredita) geram ações, que geram resultados. Veja o que dizem os Salmos: "*Senhor, tu me sondas e me conheces. Sabes quando me sento e quando me levanto; de longe percebes os meus pensamentos*" (Salmo 139; 1-2).

Henry Ford dizia: "Se você acreditar que pode ou não pode, de qualquer modo você estará certo". Assim, quem acredita que o dinheiro é mau, por exemplo, vai repeli-lo da sua vida, pois sempre iremos tender a fugir do que consideramos mau e atrair o que consideramos ser do bem. (Isso é automático e inconsciente... e, se eu creio que algo é mau, tento instintivamente fugir disso.)

E o que Deus diz sobre essa crença? Pesquisando a Bíblia, podemos verificar que ela não condena os ricos ou a riqueza. A Bíblia diz que é o amor ao dinheiro a raiz de todo mal. Está em I Timóteo 6:10. Não é o dinheiro em si, percebe a diferença? Isso significa que você pode ser uma pessoa rica, mas não deve desejar ser rico a todo custo e amar a riqueza a qualquer custo, buscando dinheiro sem um propósito maior. Você deve colocar o dinheiro no lugar dele. Avareza e ganância são armadilhas do inimigo para nossas vidas.

Em João 10:10, lemos: "*O ladrão vem apenas para roubar, matar e destruir; eu vim para que tenham vida e a tenham em abundância*". O que acontece é que há pessoas que passam toda a vida num esforço incansável para se tornar ricas e que acabam perdendo o foco no cumprimento do seu propósito, que é sua missão, seu chamado dado por Deus. Essas pessoas não entendem que dinheiro é apenas uma ferramenta para cumprir propósitos.

O apóstolo Paulo, quando escreveu a Timóteo, disse: "*Os que querem ficar ricos caem em tentação, em armadilhas e em muitos desejos descontrolados e nocivos, que levam os homens a mergulharem na ruína e na destruição, pois o amor ao dinheiro é a raiz de todos os males. Algumas pessoas, por cobiçarem o dinheiro, desviaram-se da fé e atormentaram a si mesmas com muitos sofrimentos"* (1 Timóteo 6:9-10).

Como se pode ler, o apóstolo Paulo não está condenando a pessoa que é rica, mas sim o desejo de ficar rica a qualquer custo. Quando você quer ficar rico a qualquer custo, você se desvia do propósito, se desvia do sonho que Deus tem para a sua vida. Há muitas pessoas ricas que entendem o plano de Deus para as suas vidas e colocam o seu dinheiro como ferramenta para fazer o que Deus quer que seja feito, sua missão, seu propósito.

O desejo puro e simples de satisfazer os seus próprios desejos deixa a pessoa incapaz de enxergar a vontade de Deus para a sua vida, porque a pessoa fica completamente focada em adquirir mais e mais dinheiro, e apenas satisfazer os seus próprios desejos, quando não é esse o verdadeiro desejo de Deus para sua vida.

É claro que você pode usufruir do dinheiro que ganha. O problema é quando você entende que o dinheiro só serve para isso... Lembre-se do que sempre falamos por aqui: *dinheiro é ferramenta para cumprir os propósitos de Deus e não pode ser visto como "o fim" e sim como um "meio".*

O interessante é que, durante o lançamento da primeira turma do programa completo Eu Controlo Minhas Finanças, que é o nosso programa de mentoria, percebemos o quanto as pessoas estão limitadas, o quanto elas são escravas da sua mentalidade errada sobre o dinheiro. São muitas crenças negativas que estão enraizadas e que as fazem ficar repetindo e declarando frases que só atrapalham a sua prosperidade.

As frases mais recorrentes são:

- Não tenho dinheiro para nada.
- Não tenho tempo.
- Estudar sobre investimento não é para mim.
- Ser rico não é para mim.
- Não consigo ganhar mais.
- Dinheiro é sujo.
- Não mereço ter dinheiro.

A verdade é que esses tipos de crença são como sujeira guardada debaixo do tapete. Elas têm impedido você de prosperar e dão suporte ao seu cérebro para tornar você um escravo do dinheiro.

Tenha a visão de servir a mais e mais pessoas.

Nós fomos criados por Deus para servir. A vida cristã tem muito mais a ver com o outro do que conosco. O mais incrível é que, quanto mais servimos, mais somos recompensados também financeiramente.

Para você ver o quanto consideramos importante ter um mentor, nós aqui do Ministério investimos mais de duzentos mil reais por ano em diversas mentorias, para nos aperfeiçoar, melhorar o nosso projeto e assim servir e transformar as pessoas. Quem tem mentalidade de escassez vai dizer que somos loucos de gastar isso todos os anos. Porém, a verdade é que, quando você tem esse tipo de mentalidade de abundância, o dinheiro investido retorna muitas e muitas vezes. Quando você não se permite investir em formações que vão fazer você ter mais dinheiro e cumprir seu propósito, está dizendo para o seu cérebro que o seu mundo é escasso. É a mentalidade de escassez.

No entanto, quando você tem mentalidade de abundância, é forçado a ser criativo, é impulsionado a desenvolver cada vez mais a sua inteligência financeira. O resultado disso é uma crescente abundância financeira na sua vida.

Agora imagine uma moeda. Ela tem dois lados, certo? Quando uma pessoa diz "não tenho como pagar", está olhando só um lado da moeda. No momento em que você diz "Como posso pagar?", começa a ver o outro lado. O problema é o mesmo, o que muda é qual lado da moeda você vai decidir ver. E o que determina qual lado você vai conseguir ver são as suas crenças. São elas que determinam a forma como você enxerga o mundo. Na nossa mentoria do programa completo Eu Controlo Minhas Finanças trabalhamos as crenças dos nossos alunos e mentorados.

São 77 crenças trabalhadas. Já imaginou? É uma verdadeira faxina nas crenças para que os mentorados sejam destravados para prosperar. Então, perguntamos: você é um desses que ficam repetindo crenças negativas durante o dia? Você fala muitos *nãos*? Sabia que o que você pensa se multiplica? "Assim como tu pensas, em sua alma, assim tu és". Isso é bíblico. Está em Provérbios 23:7. Já se perguntou quantos *nãos* falou para si mesmo hoje? "Ah, eu não consigo". "Ah, eu não posso", "Isso não é para mim". "Ah, eu tenho esse sonho, mas não tenho dinheiro".

Se você fala que não tem dinheiro para nada, então está decretando que você é assim, exatamente como você pensa (Provérbios 23:7).

Então, os principais pensamentos que passam pela cabeça dessas pessoas precisam ser revistos. Temos que mudar essa programação, porque esse *software*, essas crenças, essas raízes, não as levarão a ter resultados melhores. O que você pensa reflete mais quem você é do que a verdade sobre aquilo. São sintomas de pessoas impacientes que tomam decisões financeiras erradas por causa da sua impaciência.

Se você não investir em desenvolver sua inteligência financeira, pode ganhar na loteria, pode ganhar muito dinheiro, mas vai sempre ter uma programação que vai fazer eliminar esse dinheiro até o ponto de não ter mais dinheiro e voltar a ser pobre.

Uma das nossas mentoradas, a Ana Maria, disse algo muito interessante após ter investido em conhecimento e mudado sua mentalidade. Ela disse: "Agora eu tenho um cérebro novo".

A Ana Maria é uma autônoma que tinha muitas dívidas. Ela conta que fazia sorteio para pagar as dívidas, mas agora saiu do endividamento e começou a investir. E o que mudou na vida dela em sessenta dias foi exatamente a educação financeira. Se você pensar que estudar sobre dinheiro não é importante, o dinheiro vai fugir de você. Se você pensar que ser rico é ruim, seu cérebro vai dar um jeito de fazer você eliminar todo o dinheiro que você ganha. É um mecanismo instintivo de proteção para reforçar a sua crença.

Nós, cristãos, ainda temos alguns agravantes que "apodrecem" ainda mais nossas raízes. E a principal dessas raízes é a crença de que o rico não vai para o céu.

Muitas pessoas, quando veem o nome do Ministério "Cristão Rico", acham que se trata de algo absurdo, porque cristão não pode ser rico. Por acaso você já se perguntou isso? Ou talvez tenha ficado no mínimo um pouco curioso sobre o assunto. E por quê? Porque algumas percepções equivocadas têm impedido cristãos de cuidar das suas finanças da forma que a Bíblia ensina.

Já parou para pensar se você tem essa crença de que rico não vai para o céu? Essa crença impede muitos cristãos de terem suas finanças controladas. Vou dar alguns exemplos. Quando você vê uma pessoa num carro de luxo, o que pensa? Você acha que essa pessoa vai ser salva ou não? Vai para o céu ou não? Muita gente sabe que o carro em que a pessoa está não tem nada a ver com a salvação dela, mas existem pessoas com crenças tão negativas quanto ao dinheiro e à riqueza que associam situações assim.

De forma involuntária, a igreja, em geral, sem apontar ninguém, quase sempre tem ensinado que é errado ter bens materiais, ou que Deus despreza pessoas ricas e o sucesso financeiro é algo que não é para os cristãos. Por outro lado, alguns pregam que somente doar e pagar o dízimo vai fazer você prosperar. Os dois extremos geram frustração, porque não refletem a verdade bíblica sobre finanças.

Então, quem acha errado o cristão ser próspero remete à ideia de Jesus num presépio pobre e mostra que isso sim é bom para sua vida, mas não é por aí. É preciso equilíbrio. Jesus também tinha um tesoureiro para cuidar do dinheiro do seu ministério, como podemos ver em João 13:29. Já pensou nisso?

Então, se você conhece ao menos um pouco da Bíblia, certamente já deve estar pensando na famosa passagem do jovem rico, com a frase de Jesus dizendo *"É mais fácil um camelo passar por um buraco de uma agulha do que um rico entrar no reino dos céus"* (Mateus 19:24). Muitos interpretam essa passagem com uma visão errônea.

Há uma interpretação muito interessante a respeito dessa passagem. O "buraco da agulha" não tem a ver literalmente com aquele objeto pequeno e pontudo que usamos para costurar roupas. Na verdade, esse termo representa uma porta bem pequena que havia no muro de Jerusalém. O camelo, que é um animal de grande porte, que faz o transporte de várias mercadorias, para passar pelo buraco da agulha precisava se abaixar muito, despir-se de todos os pesos e sacolas, para conseguir atravessar aquela passagem e seguir caminho.

Tal passagem bíblica nos ensina sobre ganância e apego aos bens materiais. Sobre colocar o dinheiro acima, inclusive, dos propósitos de Deus para a nossa vida.

Compreenda que o dinheiro sozinho não vai torná-lo rico, porque um homem que é pobre de espírito é pobre por completo, mesmo quando tem um monte de dinheiro no bolso. O dinheiro sem um propósito espiritual poderá colocar o homem em um caminho perigoso. Os prazeres que o dinheiro proporciona são sedutores, e quando você menos esperar estará obcecado por ganhar mais e mais, sem perceber que poderá se tornar uma pessoa egoísta, desonesta, gananciosa, invejosa e ansiosa.

A riqueza financeira sem propósito espiritual isola a pessoa do amor de Deus e a cerca de indivíduos com visão errada, que pensam que a riqueza é a chave para a felicidade. Impede de exercer a lei da servidão genuína. Aqui já começamos a ter uma pista do motivo de Jesus ter dito ao jovem rico: vai e vende tudo que você tem (Mateus 19:21).

A verdade é que o jovem rico estava com o coração nas riquezas. Em nenhum momento Jesus disse que ser rico é ruim. O problema do jovem rico não é ser rico, é ter devoção à sua riqueza.

Assim, é preciso deixar claro que Jesus não estava dizendo que um rico jamais poderá ser salvo, ou seja, Ele não estava reprovando a posse de riqueza, mas, sim, a intenção de ser possuído por ela.

Isso está muito claro no contexto em que essa passagem aparece, quando Jesus conversa com o jovem rico que foi incapaz de abnegar de seus bens para segui-lo.

Quer ver outra crença muito comum? "Se eu ficar rico, vão querer algo de mim". Então, você está pensando que só pessoas interesseiras vão se aproximar de você? Que tal pensar que, se tiver mais dinheiro, vai poder abençoar outras pessoas?

Você já pensou assim: "Ah, mas é preciso dinheiro para ganhar dinheiro, e eu não tenho dinheiro", "Ah, se eu tivesse dinheiro investido, teria mais dinheiro". Todos esses são pensamentos limitantes, programações erradas que não fazem prosperar. Se você pensa que é difícil, vai dar um jeito de fugir disso.

Uma pessoa falou certa vez: eu gosto de comprar, mas não gosto de vender. Olha só, é a mesma ação. Você só consegue comprar se tiver alguém vendendo. Aí a pessoa fala "Eu não sou rico porque vendas não são para mim". Essa de "vendas não são para mim" é uma das crenças mais limitantes, justamente porque estamos vendendo todo o tempo. Estamos vendendo a nossa ideia, a nossa opinião e nosso tempo. Se você tem filhos ou se relaciona com pessoas, está o tempo todo vendendo as suas ideias para essas pessoas. Então, aproveitamos para dizer: quem tem problema com vendas tem problema com renda, simples assim.

Você precisa desenvolver essa crença e não ficar incomodado com isso. Quando alguém oferece algo para comprar, abençoe essa pessoa! Transforme, na sua mente, a venda em algo positivo, pense que aquela pessoa está tendo a chance de servi-lo com algo de que você talvez precise naquele momento. Faça essa ressignificação e verá que suas ações irão mudar.

Quando falamos em mudança de mentalidade, ressignificar uma crença, isso requer sair da zona de conforto. É fazer como o diamante que se transforma com o atrito das rochas.

Faça o exercício de passar o dia de amanhã só falando coisas positivas. Faça o propósito de não reclamar de nada neste ano. Não culpe a crise, os governantes nem qualquer outra coisa pelo seu resultado. Seu resultado é apenas um reflexo das suas crenças, que são suas raízes. Não adianta ficar culpando Deus ou esperando o seu milagre se você não fizer a sua parte.

A fé sem ação é fraca. A fé sem obras é morta!

Lembre-se do que está escrito em Romanos 12:2: *"Não se amoldem ao padrão deste mundo, mas transformem-se pela renovação da sua mente, para que sejam capazes de experimentar e comprovar a boa, agradável e perfeita vontade de Deus".*

Comece a enxergar o mundo de forma diferente e os seus resultados serão diferentes.

6

# COMO NEGOCIAR DÍVIDAS

Neste capítulo você vai aprender alguns passos básicos *para negociar suas dívidas.*

No Ministério Cristão Rico nós acreditamos que é importante não apenas dar o peixe, mas ensinar a pescar, porque se damos o peixe a alguém é muito provável que se estabeleça ali uma relação de dependência, algo que não é saudável. Aqui nós queremos ajudar a pessoa a se desenvolver para que ela possa ser a protagonista da sua vida financeira. Vamos oferecer toda a base para isso.

Primeiro, vamos relembrar o que a Bíblia diz sobre dívidas: "*A ninguém devais coisa alguma, a não ser o amor com que vos ameis uns aos outros; porque quem ama aos outros cumpriu a lei*" (Romanos 13:8). Então, você precisa decretar "chega de dívidas e sofrimento" e resolver com conhecimento.

O conhecimento é muito importante para que você negocie suas dívidas da maneira correta e entenda como organizar sua vida financeira para nunca mais fazer dívidas. A busca por conhecimento em todas as áreas da nossa vida evita sofrimento e perdas, assim como nos é ensinado em Isaías 53:11, onde a palavra de Deus nos diz: "*Depois do sofrimento de sua alma, ele verá a luz e ficará satisfeito; pelo seu conhecimento meu servo justo justificará a muitos, e levará a iniquidade deles*".

Mas como você vai fazer isso na prática? Conhecimento você já está buscando com a leitura deste livro, e sugerimos que você não pare mais de buscar esse tipo de conhecimento, que vai levá-lo a obedecer a Deus na sua vida financeira.

A fim de ter clareza para a quitação de dívidas é importante que você levante a informação real da sua dívida. Muitas pessoas fogem e não querem saber quanto devem, e por isso não resolvem o problema. Apenas depois de saber o valor real da sua dívida, na origem, com números no papel e não o que você imagina ser, o próximo passo será a boa negociação.

As boas negociações ocorrem para que você tenha tempo de se organizar. Às vezes é necessário partir para o tudo ou nada.

Um ponto importante para negociar qualquer dívida é saber o quanto você pode negociar para honrá-la de verdade e não deixar que a renegociação aumente a bola de neve. Então, negociar dívidas com seus credores parece uma tarefa quase impossível, mas vamos mostrar que não é um bicho de sete cabeças. Primeiro de tudo, você precisa acreditar que é possível! Se achar que sua dívida é impagável, você já começa perdendo.

Em um primeiro momento, pare de se preocupar tanto com seu nome no SPC/Serasa. Muitas pessoas fazem péssimas negociações por medo de ver seu nome nesse tipo de cadastro, mas, caso isso aconteça, entenda que seu nome está apenas em um cadastro de proteção temporário, como dissemos no capítulo anterior, para que você não aumente ainda mais a sua dívida. Chamamos isso de ter seu nome protegido. Esse tipo de cadastro o protege de fazer novas dívidas, e muitas vezes isso é providência de Deus para você entender que é momento de parar de fazer mais dívidas enquanto ainda não está com as finanças controladas. Então, o que temos visto durante nosso atendimento a milhares de mentorados?

Muitas pessoas estão afundando cada vez mais em dívidas por medo de ter seu nome anotado no SPC/Serasa. Os bancos e credores em geral se aproveitam disso, pois os devedores se apavoram com as ameaças de negativação ou até de execução judicial (que geralmente nem chega a acontecer, pois é um processo muito custoso para o credor). Portanto, não se apavore com ligações de cobrança. Não atenda e mantenha o controle emocional. Uma estratégia das empresas de cobrança é desestruturar o devedor emocionalmente com palavras que causam medo, como SPC/Serasa, cobrança extrajudicial etc.

As empresas de cobrança chegam a dizer que você vai perder a sua casa, os seus móveis, e na grande maioria dos casos não é nada disso!

Eles causam medo para quê? Para você fazer um novo empréstimo e viver para sempre escravo das dívidas. O foco está em oferecer parcelas menores no novo empréstimo. Mas entenda que fazer um novo empréstimo para poder pagar a dívida que você nem estava conseguindo pagar não ajuda a sair dessa escravidão. Eles não contam que o empréstimo tem uma taxa de juros alta. Repetem a toda hora o valor das parcelas, mas se esquivam de dizer quanto você terá que pagar no total. Essa nova taxa de juros vai incidir sobre os juros que você já ficou devendo na dívida antiga e a coisa vira uma bola de neve cada vez maior.

Então, a segunda dica de ouro é: se você não conseguiu pagar uma dívida, não faça uma nova dívida para tentar pagar a antiga. Fazendo isso, você só vai afundar. Não é porque você é cristão que não pode ter seu nome temporariamente no SPC/Serasa. Não estamos incentivando ninguém a ter o nome em cadastros de devedores; pelo contrário, queremos dar o caminho certo para você nunca precisar passar por isso. Porém, é importante entender que o processo de endividamento cresce se você não busca organizar suas finanças, parando de fazer novos gastos e empréstimos.

Temos casos de mentoradas que tiraram o nome do Serasa em sete dias depois de começar a mentoria. Nossa intenção aqui é abrir os seus olhos para um erro comum que vemos o tempo todo: ver as pessoas assumirem "dívidas impagáveis" por medo de ter o nome no SPC/Serasa e por medo de ameaças de empresas de cobrança. Essas pessoas se tornam escravas da dívida e vivem para pagar juros.

Por isso, é importante conhecer os seus direitos como devedor. Assim como o credor tem direitos, o devedor também tem. Entenda que, assim como você quer pagar, o seu credor também quer receber. Então, muita calma na hora de negociar dívidas. Os bancos e empresas de cobrança em geral instalam o terror na vida de quem deve para conseguir a melhor negociação para eles.

São ligações ameaçadoras, provocando medo, para pressionar o devedor a tomar uma decisão e muitas vezes fazer besteira na sua vida financeira. O fato é que você, como devedor, precisa conhecer seus direitos a fim de poder fazer uma negociação justa. E a negociação justa quase nunca é a que o banco propõe.

As pessoas sofrem e perecem por falta de conhecimento financeiro. Agora vamos falar sobre algumas coisas básicas que você precisa saber sobre negociações e sobre seus direitos:

Muito cuidado com o empréstimo consignado. Esse é o pior tipo de empréstimo. É muito cômodo e fácil, mas, se a coisa apertar, você não tem a opção de deixar de pagar para forçar uma boa negociação. Então, você perde a liberdade e o *direito de escolha* de qual pagamento vai priorizar caso tenha necessidade de fazer isso em uma eventual necessidade. E aqui vamos compartilhar um segredo com você: os bancos só negociam com quem não está em dia! Você negociaria com quem está pagando direitinho? Muito difícil, né?

Quando se trata de empréstimo consignado, existem outras estratégias para a negociação, pois, como as parcelas são descontadas na folha de pagamento, em tese elas sempre estarão em dia.

Uma boa negociação sempre parte do princípio de quanto cada um está disposto a ganhar e perder.

Na nossa mentoria, além de ensinarmos estratégias financeiras para ter as finanças controladas e sair das dívidas de forma definitiva, ensinamos sobre os segredos dos bancos, os direitos que você tem como devedor e o passo a passo que você pode percorrer para negociar dívidas e sair de todo tipo de empréstimo, inclusive o consignado. Muitos dos nossos mentorados recebem bastante dinheiro de volta do banco quando começam a ter esse tipo de informação. Já pensou você receber um depósito de cinco, oito, dez mil do banco, como já aconteceu com muitos dos nossos alunos?

Neste capítulo, esperamos que você entenda que não existe dívida sem solução. Acredite, a solução para as dívidas não é mais dinheiro. Algumas vezes a informação correta resolve grande parte ou todo o problema.

Entendidos esses pontos, vamos a um passo a passo muito básico para a negociação de dívida.

Faça seu quadro financeiro para poder definir o quanto você vai ter para negociar. Por isso, é preciso começar com as finanças controladas. Senão não vai adiantar nada ir até o seu credor negociar, fechar um acordo, se você não honrar depois. Está em Números 30:2: "*Quando um homem fizer um voto ao Senhor ou um juramento que o obrigar a algum compromisso, não poderá quebrar a sua palavra, mas terá que cumprir tudo o que disse*".

Você precisa saber se vai conseguir honrar o seu compromisso. Então, fechar um acordo com o credor e não honrar sempre é muito pior. Além de prejudicar seu escore, depois, no reparcelamento, podem ser pedidas mais garantias, e você acaba esquentando dívidas que estavam prestes a ser prescritas e que forçariam o credor a fazer uma negociação melhor para você.

Só existem desvantagens em fazer acordos no escuro, sem ter as finanças controladas.

Por isso, enquanto você não se organizar, e não tiver certeza do valor que tem para negociar, é melhor não fazer nada!

Se as suas finanças estão uma bagunça, não negocie dívidas. Esse é o melhor conselho que podemos dar neste capítulo. Agora, se você se organizar e concluir que não vai ter nenhum valor para negociar, então sua prioridade também não vai ser quitar a dívida.

Comece otimizando suas despesas, praticando a boa mordomia para fazer sobrar dinheiro. Depois busque aumentar sua renda. Mas como aumentar a renda? Como aumentar a renda se eu nem estou conseguindo trabalho?

Nos próximos capítulos vamos falar sobre como você pode aumentar a renda também. Existem várias formas de criar renda mesmo dentro de casa. Tudo o que você precisa fazer é mudar a forma como encara o ganho de dinheiro. Esse momento pede que você aprenda também novas formas de ganhar dinheiro.

Vejo muita gente preocupada com emprego e pouca gente preocupada com renda. Você não precisa de um emprego, precisa de renda. O emprego é só uma das várias formas de ter renda!

Então, enquanto você não tem nenhum valor para negociar, vai se organizando, controlando suas finanças. Quem sabe, com esse tempo, surjam propostas melhores de negociação.

É comum que, depois que as dívidas estão há algum tempo vencidas, os credores procurem os devedores para oferecer uma melhor negociação, mas é preciso honrar os seus credores, sempre mostrando que no momento não há como cumprir o compromisso e sem nunca mentir. Deve haver comprometimento em resolver isso. É preciso ser bem transparente com o credor; o prazo somente deve ser solicitado se você tiver como honrar.

Assim se ganha um tempo para negociar a dívida, e normalmente com uns seis meses de inadimplência melhoram as condições. É tempo suficiente para você se organizar.

Aqui vai mais um ensinamento importante: dívida se paga com dinheiro que sobra. Se você pagar dívidas com o dinheiro das suas despesas básicas, vai fazer novas dívidas e a bola de neve só vai aumentar. Sendo assim, primeiro organize as suas finanças para fazer sobrar dinheiro antes de negociar qualquer coisa.

Agora que entendeu que precisa ter suas finanças controladas e já consegue fazer sobrar dinheiro, você pode buscar uma proposta de negociação.

Peça ao credor o memorial de cálculo da dívida, veja qual o valor principal devido, os juros e todas as taxas que estão embutidas nessa cobrança. O credor é obrigado a te passar isso.

Se houver alguma proposta de parcelamento, analise com calma, peça um prazo para dar sua resposta. Não faça nenhum acordo sem ter clareza da sua situação financeira atual.

Procure conhecer as taxas de juros praticadas pelos bancos no site do Banco Central. Aqui está uma ótima oportunidade de redução de taxas de juros do seu empréstimo. A lei permite que você faça a portabilidade da dívida (ou seja, outro credor ou banco a assume com juros mais baixos).

O Luiz Eduardo, nosso mentorado que aplicou os princípios que estamos ensinando aqui, alcançou diversas vitórias. A primeira foi entender que havia muito dinheiro parado na sua casa. Havia itens que não estavam sendo utilizados, itens que poderiam servir melhor a alguém. Então ele vendeu impressora, telefones celulares, outros aparelhos eletrônicos e assim conseguiu fazer a sua reserva de segurança, que é de extrema importância para a vida do cristão.

A segunda vitória foi construir uma fonte de renda extra. Ele conseguiu ver seus potenciais e montou um negócio próprio com um custo praticamente zero, baseado apenas nas redes sociais e na sua formação acadêmica. Hoje ele tem essa renda para agregar no orçamento.

A terceira vitória foi a quitação das dívidas. Ele tinha alguns débitos que puderam ser quitados com a reavaliação do próprio contrato da dívida. Por isso é importante a revisão contratual. Hoje ele é um investidor e tem muito mais dinheiro.

Foram muitas vitórias, uma atrás da outra. O resultado é a paz no seu coração e principalmente a sua obediência a Deus. São frutos bons para nós, para nossa família e para quem está ao nosso redor.

Quanto às negociações, nada é impossível. É preciso ter tempo, paciência e perseverança. Nunca aceite a primeira proposta. Não tenha pressa para pagar. Toda grande jornada começa com um pequeno passo.

Neste capítulo apresentamos conceitos básicos sobre como negociar uma dívida. O assunto é muito extenso e exigiria um livro inteiro apenas para ele, mas o nosso objetivo aqui é que você comece a ter clareza para começar a ter suas finanças controladas.

Existem vários outros detalhes para negociação em contratos específicos. É possível, por exemplo, quitar um financiamento habitacional de trinta anos em menos da metade do tempo. No cartão de crédito, você também pode ter mais dias para pagar e ainda ganhar dinheiro com seus gastos, mas tudo isso requer que você continue desenvolvendo a sua educação financeira.

Em resumo, se você quer se livrar de dívidas, o mais importante é buscar ter as finanças controladas e se organizar financeiramente. Trabalhe rapidamente para edificar a sua educação financeira com inteligência, paciência e a estratégia correta.

7

# A LEI DA SEMEADURA

O tema central deste capítulo tem tudo a ver com a base bíblica para investir. Vamos aqui conhecer o fundamento bíblico que está por trás dos investimentos e de várias outras áreas da nossa vida. Abordaremos a famosa lei da semeadura de uma forma que você talvez nunca tenha visto, pois esse é um dos principais princípios que a Bíblia nos ensina sobre finanças.

A lei da semeadura não tem a ver somente com doação. Vamos mostrar aqui que existem diversos tipos de sementes, e talvez você nunca tenha pensado nisso. Porém, nada disso faria sentido se você não entendesse antes os princípios bíblicos que regem os investimentos. A lei da semeadura sem dúvida é o principal deles.

Então, vamos começar perguntando: você acredita que dinheiro dá em árvores? Sim ou não?

Você precisa entender que, quando se trata de vida financeira, existem muitas coisas que você não sabe que não sabe, e quando você descobre essas coisas tudo começa a fazer sentido. Até aqui falamos da base para sua metanoia financeira, que é a mudança de mentalidade para poder prosperar, e falamos bastante sobre dívidas. A partir de agora vamos tratar dos princípios para você começar a investir.

A nossa mentorada Lenir não acreditava que seria possível uma pessoa com pouco dinheiro conseguir investir. Achava que isso não era para ela. Então, mesmo meio desconfiada, ela pediu a Deus que a iluminasse. Aos poucos, Lenir foi se organizando financeiramente, e deu supercerto. Conseguiu pagar uma conta que estava difícil de quitar, de sete mil reais, apenas controlando as coisas e organizando. Ela também fez o seu primeiro investimento. Já conseguiu investir quatro mil reais.

Lenir achava que investimentos não era para ela, mas, quando entendeu esse e outros vários princípios bíblicos que ainda vamos mostrar, conseguiu mudar de endividada a investidora em apenas sessenta dias.

### Entendendo a lei da semeadura

Para semear, o agricultor precisa de sementes e terra fértil, e depois poderá colher a "multiplicação" das suas sementes. Tudo o que se semeia se colhe multiplicado. Se ele plantar uma semente de feijão, terá um pé de feijão com a multiplicação dos feijões.

Mas esse processo exige conhecimento e cuidado para que os frutos saiam com qualidade. Não basta plantar a semente e colher os frutos no dia da colheita. Existe um processo intermediário, de espera e dedicação, para que se possa colher os frutos.

Quanto a isso, sabemos que tudo o que semearmos haveremos de colher indiscutivelmente. Essa é uma lei bíblica inevitável, dura e cega.

*"Não erreis: Deus não se deixa escarnecer; porque tudo o que o homem semear, isso também ceifará"* (Gálatas 6:7).

Deus sempre cuidou de fazer nascer a semente que semeamos: *"Então te dará chuva sobre a tua semente, com que semeares a terra..."* (Isaías 30:23). E esse é um ciclo inevitável que acontecerá sempre: *"Enquanto a terra durar, sementeira e sega, e frio e calor, e verão e inverno, e dia e noite, não cessarão"* (Gênesis 8:22).

Ora semeamos a semente, mas não sabemos quando vamos colher, ou qual colheremos primeiro, mas uma certeza podemos ter, nós colheremos! "*Semeia de manhã a tua semente, e não descanse a tua mão até a noitinha; pois não sabes onde esta terá bom êxito, quer aqui quer ali, ou se ambas serão igualmente boas*" (Eclesiastes 11:6).

"*Aquele que leva a preciosa semente, andando e chorando, voltará, sem dúvida, com alegria, trazendo consigo os seus molhos*" (Salmos 126:6).

A semente deve ser bem escolhida por nós e sem muita mistura para não haver confusão. Não pode haver meio-termo: ou semeamos semente boa ou ruim. "*Não semearás a tua vinha com diferentes espécies de semente, para que não se degenere o fruto da semente que semeares, e a novidade da vinha*" (Deuteronômio 22:9).

Por que estamos mostrando tudo isso? Porque não se pode multiplicar riqueza sem uma semente. Essa é primeira coisa que você precisa entender.

Existem dois tipos de sementes:

### 1. Semente natural

O agricultor planta soja e vai colher a soja "multiplicada", algum tempo depois.

O investidor semeia um real em uma empresa e espera um retorno multiplicado desse real depois de determinado tempo.

Para construir uma rede de lojas, você deverá começar com uma semente, certamente deverá começar uma loja-teste, e então investirá recursos para o amadurecimento e desenvolvimento da sua semente antes de iniciar a expansão e colher os frutos.

Para conseguir um emprego, você deve lançar sementes, que incluem a preparação para o cargo desejado e, claro, se inscrever nos processos seletivos que potenciais recrutadores desse cargo promoverem.

Então, comece a lançar sementes para que você possa servir mais pessoas e obter renda com isso. Veja que as sementes naturais que o agricultor planta demoram algum tempo para ser colhidas. Desde já é importante advertir que não devemos cair em investimentos que prometem retorno rápido e excessivamente vantajoso. Isso é contra a lei da semeadura.

## 2. Semente espiritual

Existe também outro tipo de semente, que é a espiritual.

E o que seria a semente espiritual? Ela está totalmente baseada na sua fé. As coisas na vida espiritual são movidas pela fé. A fé é o combustível para Deus agir. Jesus comparou a fé a uma semente de mostarda que, quando plantada, geraria resultados surpreendentes: *"E Jesus lhes disse: Por causa de vossa incredulidade; porque em verdade vos digo que, se tiverdes fé como um grão de mostarda, direis a este monte: Passa daqui para acolá, e há de passar; e nada vos será impossível"* (Mateus 17:20).

Quando colocamos nossa fé em Deus, assim como uma semente que plantamos, estamos dando algo muito valioso para Deus trabalhar, e assim Ele poderá produzir o milagre que você precisa. Não importa quão pequena nos pareça a nossa fé, se eliminarmos as dúvidas e depositarmos a fé em Cristo, criaremos o ambiente para que os problemas sejam resolvidos, por mais impossíveis que eles pareçam.

Para semear a sua fé, compartilhamos aqui três princípios bíblicos importantes:

1. Reconheça que Deus é sua fonte *"O meu Deus, segundo as suas riquezas, suprirá todas as vossas necessidades em glória, por Cristo Jesus"* (Filipenses 4:19).

Deus suprirá todas as suas necessidades de acordo com as Suas riquezas, o Seu amor, o Seu poder e a Sua sabedoria para nos guiar. Para tanto, Ele pode utilizar muitos instrumentos:

um emprego, um negócio, presentes, ofertas, amigos, familiares. Um ponto importante aqui é que devemos tomar cuidado para não depositar nossa confiança nas ferramentas que Deus usa para nos suprir. Sua confiança não pode estar no seu negócio, no seu emprego, no seu parente. Ela deve estar em Deus. Deus é a nossa fonte, e é impossível Ele falhar.

**2. Dê primeiro, e assim lhe será dado** *"Deem aos outros, e Deus dará a vocês. Ele será generoso, e as bênçãos que ele lhes dará serão tantas que vocês não poderão segurá-las nas suas mãos. A mesma medida que vocês usarem para medir os outros Deus usará para medir vocês"* (Lucas 6:38).

As doações mencionadas aqui não são apenas financeiras: podemos doar amor, tempo, paciência, perdão, orações e também dinheiro. Todos os tipos de doações são sementes espirituais que podemos e devemos plantar. Nossas doações refletem nossa fé e gratidão a Deus.

A Palavra de Deus nos garante que não há como doar a Deus sem receber muito mais em retribuição.

**3. Espere um milagre e se certifique de ter feito a sua parte** *"Por isso eu afirmo a vocês: quando vocês orarem e pedirem alguma coisa, creiam que já a receberam, e assim tudo lhes será dado"* (Marcos 11:24).

Quando pedir algo a Deus, direcionado e conduzido pelo Seu Espírito Santo, peça esperando receber.

É importante sabermos que Deus tem o Seu tempo e o Seu jeito para entregar o que você pediu. Não é do seu jeito, e sim do jeito d'Ele. Apenas creia. Não importa quanto tempo isso demore.

Porém, preste atenção a algo muito importante: muitas igrejas ensinam as pessoas a plantar apenas sementes espirituais.

E o que acontece quando se plantam apenas sementes espirituais sem plantar as sementes naturais? Frustração.

Por isso tantas pessoas se frustram com Deus, e muitos se desviam da fé, porque alguns líderes se esquecem de orientar as pessoas a também plantar as sementes naturais.

Esperar um milagre sem plantar sementes naturais vai contra o princípio da lei da semeadura. Então, plante também sementes naturais. Lembre-se de que todo tipo de investimento financeiro que vai gerar mais dinheiro também é considerado semente natural.

É lei de Deus: quem planta maçã colhe maçã... Quem planta banana colhe banana.

Não vai dar certo plantar maçã e querer colher banana, por mais que você use suas sementes espirituais para isso.

Deus não pode fazer um milagre e fazer uma banana virar maçã? Claro que pode! Mas não existe propósito para Ele fazer isso, porque Ele já ensinou que nós colhemos aquilo que plantamos. O Senhor quer que você aprenda a plantar aquilo que quer colher. Pare de orar por dinheiro e comece a orar por sabedoria, conhecimento; use bem suas sementes. Dedique-se a administrar bem os recursos que Deus lhe dá. Arrume a bagunça das suas finanças. Busque conhecimento, cursos, tenha mentores que possam ensiná-lo. Isso é bíblico.

Busque obedecer a todos os princípios bíblicos sobre finanças. Entregue a Deus sua semente espiritual, sua fé e sua obediência e certamente Ele produzirá milagres na sua vida financeira.

Tem muita gente por aí ensinando que é só esperar o milagre, mas Deus não age com aqueles que estão em desobediência aos seus princípios. Entende? Deus já mandou você administrar bem os recursos. Ele já mandou você plantar sementes naturais e multiplicar.

Se você não obedece a esses princípios, faria sentido esperar um milagre de Deus? Entenda que Deus enxerga nossa vida como uma atribuição de confiança. Nosso tempo, inteligência, oportunidades, relacionamentos e recursos são presentes que Deus nos confiou para cuidarmos e administrarmos. Nunca possuímos realmente qualquer coisa durante nosso breve período na Terra. Somos administradores de tudo o que Deus nos dá.

Quanto mais Ele nos dá, mais responsáveis espera que sejamos! Isso significa que tudo o que fazemos, mesmo as coisas mais simples, tem uma implicação eterna. O dinheiro que Ele coloca nas nossas mãos é uma atribuição de confiança d'Ele. Deus usa a área financeira para nos ensinar a confiar neles e para testar quão confiáveis somos. Ele quer que tenhamos sabedoria para administrar o que coloca nas nossas mãos. *"Se, pois, não forem dignos de confiança em lidar com as riquezas deste mundo ímpio, quem lhes confiará as verdadeiras riquezas?"* (Lucas 16:11).

Acontece demais com os alunos e mentorados que entram no Programa Completo Eu Controlo Minhas Finanças, quando eles decidem organizar as finanças e pagam o preço para isso. Quando eles dão um sinal a Deus de que vão agora se dedicar a ser bons mordomos, começam a acontecer milagres. Por quê? Porque Deus honra quem obedece e se conserta. Essas pessoas erraram assim como nós já erramos por muito tempo na nossa vida financeira. Por isso, fique em paz se você errou. Agora é se consertar daqui para frente e dar o sinal para Deus de que você vai ser alguém confiável com os recursos que Ele colocar nas suas mãos.

São muitos os nossos alunos e mentorados que, quando entendem isso, se arrependem e mudam suas atitudes. Agora eles estão pagando o preço para aprender, para mudar de comportamento. E quando eles dão esse passo é lindo ver Deus começar a produzir milagres na vida deles também. Temos diversos alunos que entraram na mentoria e que, aplicando apenas um dos segredos dos bancos, ganharam muito dinheiro de volta do banco, mas isso só acontece porque a pessoa se dedica a essa mudança. Ela pagou o preço e está comprometida a mudar sua vida financeira. Ela se mostrou confiável a Deus para receber mais dinheiro.

Então, queremos convidá-lo a refletir agora: quais sementes naturais e espirituais você tem plantado? Não adianta plantar uma semente espiritual se você não planta uma semente natural. Por isso é importante fazer os dois. Faça o que Deus manda na palavra para você não se frustrar. As pessoas se frustram com Deus por falta de entendimento. A verdade é que Deus é justo e jamais vai contra o que está na sua Palavra.

### Mas, afinal, dinheiro dá em árvore? Sim ou não?

O que acontece muitas vezes quando se trata da vida financeira é que muitas pessoas gastam as sementes que Deus coloca nas suas mãos em vez de plantar. Como poderia um agricultor esperar que nasça feijão em um pé de feijão, se ele gastar ou desperdiçar a sua semente de feijão? Como alguém poderia esperar que dinheiro dê em árvores, se gastou ou desperdiçou a semente de dinheiro que Deus colocou nas suas mãos, e nem sequer se deu ao trabalho de plantar a sua semente?

Percebe como é importante essa metanoia financeira?

Então, afirmamos: é possível, sim, existirem árvores de dinheiro. É possível, sim, você estar dormindo e ter sua árvore de dinheiro produzindo frutos. Se você quiser ter árvores que gerem dinheiro, precisará começar a buscar primeiro sabedoria para aprender a plantar as suas árvores. Se você plantar a semente de forma errada, não vai conseguir uma boa colheita.

O que é uma árvore de dinheiro?

Existem vários tipos de renda. Os dois principais são:

1   Renda ganha: renda proveniente do trabalho. (Até quando você poderá trabalhar? O que acontecerá se perder o emprego? Você tem liberdade para se dedicar à obra de Deus ou às coisas que gostaria de fazer?)

Quem é pobre só busca renda ganha. Daí, perde o emprego e fica achando que é vítima, mas na verdade não é. Essa pessoa não se dedicou a buscar o próximo tipo de renda que vamos mostrar. É essa renda que os ricos buscam.

2   Renda passiva: renda proveniente da sua árvore de dinheiro. Olha ela aqui!

Isso mesmo, a árvore de dinheiro é um ativo que gera renda sem a necessidade de um emprego ou um trabalho que exija cem por cento de dedicação. Ou seja, é a árvore de dinheiro que gera renda passiva.

Lembre-se de algo importante: toda crise é momento de oportunidade, porque é nesse momento que muita gente oferece ativos valiosos por um valor muito baixo. Os grandes investidores costumam dizer: *ainda bem que, neste momento de queda da bolsa, estou capitalizado e pronto para adquirir boas ações enquanto muitos estão vendendo.*

Além disso, muitas ações (que são frações de empresa) pagam dividendos, ou seja, geram renda passiva. Vamos falar mais sobre isso nos próximos capítulos.

E como se constrói uma árvore de dinheiro?

Tudo o que se semeia em terra fértil com os cuidados necessários na plantação se colhe multiplicado. Se plantar uma semente de feijão, você terá um pé de feijão, que produzirá a multiplicação dessa semente, resultando em vários feijões.

Se você entendeu a lei da semeadura, tudo que você deve fazer com as sementes de dinheiro que Deus coloca nas suas mãos é começar a plantar árvores de dinheiro em terras férteis. Mas você não vai fazer isso com todo o dinheiro que passa nas suas mãos. Ainda neste livro falaremos mais claramente sobre isso.

Imagine que você plante uma semente de dinheiro, e que isso se torne um pé de dinheiro que gere essa semente de dinheiro multiplicada para que você possa colher. Agora imagine você plantando muitas árvores, e essas árvores gerando muito mais sementes de dinheiro.

Se as árvores forem bem cuidadas, chegará um tempo em que você não precisará mais plantar, não precisará mais trabalhar e ainda assim terá seus frutos, terá o que comer, ou seja, terá dinheiro suficiente para viver sem a necessidade de trocar seu tempo por trabalho.

Nesse momento você terá tempo livre para dedicar a vida a fazer coisas de que gosta e também para servir a Deus com mais liberdade. Isso mesmo, você poderá se dedicar integralmente ao seu "chamado", ao seu propósito de vida. No entanto, para conseguir isso é necessário que você tenha sabedoria para semear ou plantar, colher, multiplicar. Chamaremos isso de sabedoria financeira. A sabedoria financeira está ligada à capacidade de aplicar todos os princípios bíblicos de finanças.

Quanto mais um agricultor souber semear e colher, mais ele conseguirá multiplicar suas sementes. Trazendo isso para a vida financeira, quanto mais sabedoria financeira tivermos, mais fácil será multiplicar o dinheiro que Deus coloca nas nossas mãos.

Porém, antes de aprender a investir, entenda que o melhor ativo que você pode comprar, a melhor semente financeira que pode plantar, é a educação para ter mais dinheiro. Aprenda a ser um melhor agricultor das suas árvores de dinheiro. Faz sentido para você? Quanto mais você souber plantar árvores, melhor e maior será a sua colheita.

Não é necessário fazer faculdade, nem nada muito complexo e desgastante. Você precisa, objetivamente, aprender a lidar melhor com as finanças e aprender sobre investimentos. Há pessoas graduadas que estão superenroladas financeiramente porque não possuem esse tipo de conhecimento.

Compreenda: tudo o que Deus nos dá são talentos! E Ele nos ensina na parábola a seguir a importância de multiplicar nossos talentos ou nossas moedas, na Bíblia, em Mateus 25:14-30:

*"Jesus continuou:*

*[...] Aí o empregado que havia recebido cem moedas chegou e disse: 'Eu sei que o senhor é um homem duro, que colhe onde não plantou e junta onde não semeou. Fiquei com medo e por isso escondi o seu dinheiro na terra. Veja! Aqui está o seu dinheiro'.*

*'Empregado mau e preguiçoso!', disse o patrão. 'Você sabia que colho onde não plantei e junto onde não semeei. Por isso você devia ter depositado o meu dinheiro no banco, e, quando eu voltasse, o receberia com juros.'*

*Depois virou-se para os outros empregados e disse: 'Tirem dele o dinheiro e deem ao que tem mil moedas. Porque aquele que tem muito receberá mais e assim terá mais ainda; mas quem não tem, até o pouco que tem será tirado dele. E joguem fora, na escuridão, o empregado inútil. Ali ele vai chorar e ranger os dentes de desespero'"* (Mateus 25:14-30).

Então, cuidado para não agir com o seu dinheiro como agiu o empregado mau e preguiçoso. Essa é uma lei-chave para a prosperidade financeira. Somos claramente ordenados a multiplicar os talentos que Deus nos dá. Tanto materiais como espirituais.

Para multiplicar o nosso dinheiro, uma boa educação financeira é fundamental. Podemos multiplicá-lo por meio de investimentos, que nos exigirão muita sabedoria financeira.

8

# QUAL É O MELHOR INVESTIMENTO?

O objetivo deste capítulo é responder a uma das perguntas que mais nos fazem: qual é o melhor investimento e onde devo investir?

Ver pessoas saindo da escravidão financeira e voltando a sonhar é uma das coisas que movem o Ministério Cristão Rico a continuar desenvolvendo este trabalho. Casos como o da Marilene, que em apenas sessenta dias fez sobrar dinheiro e já está indo para o quinto investimento para realizar sonhos, nos deixam mais felizes e motivados.

A Marilene é uma profissional da área da educação. Ela trabalha desde os 15 anos de idade e em 2020 tinha 56. Quando estourou a pandemia, percebeu que não tinha nada guardado, que não tinha outra fonte de renda. Isso a angustiou profundamente. Com a crise, Marilene passou dias e dias sem dormir, pois percebeu que estava numa situação muito vulnerável e com medo.

Entretanto, depois que entendeu os princípios bíblicos e começou a aplicá-los à sua vida, Marilene passou a ver o que era importante fazer e começou a controlar as suas despesas. Ela também observou que pagava taxas no banco sem necessidade. Cortou essas taxas bancárias e o dinheiro começou a sobrar ainda mais. Começou a direcionar seu dinheiro para os lugares certos, cada porcentagem, assim como vamos mostrar mais adiante neste livro.

Essa mudança de atitude possibilitou à Marilene começar a investir em voltar a sonhar, sonhar em comprar um carro, sonhar em fazer uma viagem. Sonhar com coisas que ela não sonhava antes ou tinha vontade, mas não podia fazer. Até a sua autoestima e a saúde melhoraram. Ela já começou a direcionar a filha de 15 anos com o conhecimento que obteve sobre a vida financeira do cristão. Está transbordando sobre a vida da sua família, porque se sente realizada e voltou a sonhar.

Por que Marilene conseguiu esse tipo de transformação? Ela entendeu que não existe bom investimento sem conhecimento! Ela se comprometeu a ter conhecimento sobre finanças. Para alcançar resultados como o dela e de outras pessoas que você está vendo aqui, é necessário estar preparado para identificar o que é bom e o que não é.

Algumas pessoas têm dinheiro e simplesmente nos perguntam: onde devo investir? Essa pergunta é reveladora, pois deixa evidente a falta de conhecimento dessa pessoa, e isso atrai até indivíduos mal-intencionados que vão aparecer para convencê-las a investir em algo que é bom para elas e não para você. E aí o que acontece? Você acaba por fazer um péssimo investimento. Nunca deixe outras pessoas decidirem onde você vai fazer seus investimentos, ainda mais se for alguém que vende investimentos, como é o caso do gerente do banco ou do assessor autônomo da corretora de valores.

É por isso que aqui estamos revelando um conteúdo simples e acessível sobre finanças, mas com potencial para mudar a sua vida financeira se você seguir os ensinamentos. É por isso que preferimos ensinar a pescar a dar o peixe. Queremos que você se transforme realmente.

Lembra da lei da semeadura? Mostramos que você pode, sim, ter árvores de dinheiro com as sementes que Deus coloca nas suas mãos. Com essas sementes de conhecimento, você pode plantar muitas árvores de dinheiro. Todos nós temos sementes, mas só colhe as verdadeiras riquezas quem planta. Querer colher sem plantar é antibíblico.

Não se comporte como um tolo, achando que Deus vai mandar dinheiro por intermédio de um passarinho ou de um pote de ouro. Ele pode fazer isso e talvez até faça para cumprir algum propósito, mas essa não vai ser a regra, porque Ele quer que você aprenda a ser um bom mordomo. Não há colheita sem plantio.

Por isso você precisa investir. Jesus nos deixou um dos ensinamentos mais importantes sobre a vida financeira, e que reflete a lei da multiplicação. Todos os recursos que ele nos dá são talentos.

Ele nos ensina na parábola dos talentos, em Mateus 25:14-30, a importância de multiplicar nossas moedas de ouro, que eram chamadas de "talentos" naquela época.

Agora você deve estar dizendo: meu caso é muito crítico, não sobra dinheiro e tenho dívidas. Como vou investir? Você pensa assim?

Esse é exatamente o caso do nosso mentorado Adonai, que tinha muitas dívidas. Na mentoria ele aprendeu a aumentar a renda e agora já começou a investir, algo que parecia impossível. Adonai se comprometeu com o método e seguiu o seu passo a passo.

Então, tendo em mente que antes de querer investir você precisa buscar educação financeira, vamos responder à pergunta do capítulo: qual é o melhor investimento?

A resposta inicial é: depende!

O que determina o melhor investimento para você é a sua estratégia financeira.

Embora a estratégia financeira deva ser algo personalizado, vamos já proporcionar aqui uma introdução ao tema para você começar a aprender a pescar. Podemos multiplicar dinheiro basicamente de duas formas:

1   Investimentos: de renda fixa, que, em resumo, são empréstimos que o investidor faz em troca de juros determinados, ou de renda variável, que são investimentos em que o investidor compra uma participação e se torna sócio do negócio. Alguns exemplos de investimentos de renda fixa são títulos públicos, CDBS, LCI, LCA e assim por diante.

    São exemplos de investimentos de renda variável os fundos imobiliários, os imóveis geradores de renda, as ações, entre outros.

2   Negócios: franquias, participação em empresas, negócios em geral.

Neste capítulo não vamos falar de negócios. Vamos tratar de investimentos no mercado financeiro. Quanto a esse tipo de investimento, existem alguns princípios importantes para ajudar a fazer a coisa certa e reduzir os riscos.

### Regra número 1

Nunca invista em nada que não conheça. Invista naquilo que você conhece e que sabe explicar. Sabe aquele investimento maravilhoso que seu amigo indicou? Por exemplo, comprar criptomoedas, investir em forex etc.? Fique fora disso enquanto não souber tudo sobre esse investimento.

Investir exige educação financeira constante! Procure entender todos os riscos reais e os potenciais retornos dos seus investimentos.

### Regra número 2

Tenha um plano para cada investimento. Defina quando entrar. Defina quando sair. E, principalmente, o seu objetivo com cada investimento.

Se você não tem propósito com o seu dinheiro, se não sabe qual vai ser a função daquele dinheiro que está investindo, então existem grandes chances de esse dinheiro diminuir e de você fazer um mau investimento. Por isso, queremos encorajá-lo a ser uma pessoa que investe com propósito.

### Regra número 3

Não existe fórmula mágica para ganhar dinheiro rápido. Querer dinheiro rápido é ganância! As pessoas desejam um atalho, mas o atalho não é o caminho indicado. No atalho os riscos são muito maiores, ainda mais se estiver começando e não tiver nenhuma reserva.

A Bíblia condena a ganância e diz que os gananciosos que amam o dinheiro caem em várias ciladas.

Quando lhe oferecem aquele investimento com retornos altíssimos, é cilada. Investimentos legítimos devem ser capazes de produzir riqueza, e hoje em dia existem muitas pirâmides financeiras disfarçadas de investimentos. O mundo dos investimentos está cheio de armadilhas para pegar pessoas gananciosas que procuram retorno rápido. Então, desconfie e não entre em investimentos com promessas de retorno muito alto.

Investimentos legítimos precisam ser capazes de servir a pessoas para produzir riquezas.

Quando compro uma ação de uma empresa de telefonia, por exemplo, me torno sócio dessa empresa, e meu dinheiro agora está sendo usado para ajudar outras pessoas a conseguir se comunicar ou acessar uma boa internet.

Perceba que nesse caso o seu investimento está servido alguém, e por isso ele é capaz de produzir riquezas.

Investimentos que não servem a pessoas de forma direta ou indireta, na nossa opinião, são especulações. Nós temos como princípio fugir de investimentos especulativos e nos concentrar em investimentos que servem a outras pessoas e que são capazes de produzir riqueza de forma duradoura.

### Regra número 4

Construa sua base de ativos! Você já aprendeu o que são ativos. São investimentos que geram renda periodicamente. Ativos são suas árvores de dinheiro, que colocam dinheiro no seu bolso sem a necessidade de você trocá-lo por tempo.

Um emprego não é um ativo, porque exige o seu tempo para gerar renda. Ativos geram renda sem a necessidade de troca pelo seu tempo.

Um imóvel que gere aluguéis mensais é um exemplo de ativo.

Uma ação que gere dividendos periódicos é um ativo.

Uma empresa que gere fluxo de caixa positivo é um ativo. Entendeu?

Então procure sempre aumentar a sua base de ativos. Isso vai levá-lo a depender cada vez menos de trocar o seu tempo precioso por dinheiro. Quanto mais ativos você tiver e quanto menos depender de trocar o seu tempo por dinheiro, mais você poderá se dedicar ao seu chamado!

Agora preste atenção, pois vamos falar sobre um princípio-base para qualquer investidor. É o trilema do investidor. Conhecendo esse princípio, você será capaz de definir o melhor investimento para você.

## Trilema do investidor

Para entender isso, precisamos introduzir três conceitos que são básicos quando se trata de investimentos. O primeiro é o risco, que é o nível de segurança daquele investimento... Um investimento com risco alto tem mais chances de perda. Um investimento com risco baixo tem poucas chances de perda! Então, grave isto: sempre precisamos avaliar o risco dos investimentos que fazemos.

O segundo é a liquidez: o que é isso?

Caso você precise do dinheiro investido com urgência, ele estará disponível?

Um investimento com liquidez alta oferece disponibilidade do dinheiro investido praticamente a qualquer momento. Um investimento com liquidez baixa pode demorar alguns dias ou meses para pagamento quando você fizer o resgate.

O terceiro conceito é a rentabilidade.

Quanto mais rentável um investimento, mais ele multiplica o seu dinheiro, mais dinheiro você ganha com ele. Um investimento com rentabilidade baixa multiplica o seu dinheiro de forma mais lenta.

Agora que você já sabe o que é risco, o que é liquidez e o que é rentabilidade, já pensou qual seria o investimento perfeito? Pense... qual seria o investimento perfeito?

O que todo mundo quer quando vai investir?

Risco baixo (assim esse investimento se torna mais seguro).

Liquidez alta (assim eu posso sacar rápido quando quiser).

Rentabilidade alta (assim eu ganho mais dinheiro).

Só que temos uma má notícia para você. *O investimento perfeito não existe.* E, se existisse, a demanda por ele seria tão alta que logo a rentabilidade cairia muito, pois a oferta seria menor que a demanda.

Cada vez que é oferecido um investimento com alta liquidez e baixo risco, muita gente se interessa e a empresa já não precisa pagar altos juros para quem vai investir, entende? É por isso que um investimento rentável pressupõe um risco maior. Quanto mais rentável o investimento, teoricamente mais risco ele apresenta.

E por que não podemos simplesmente indicar um investimento super-rentável? Porque ele tem risco mais alto e você precisa investir em educação financeira para aprender a lidar com isso e saber como minimizar esses riscos. Faz sentido para você?

Em Eclesiastes 11:6 há um ensinamento importante que traz a solução para esse trilema: *"Plante de manhã a sua semente, e mesmo ao entardecer não deixe as suas mãos ficarem à toa, pois você não sabe o que acontecerá, se esta ou aquela produzirá, ou se as duas serão igualmente boas"*.

Esse versículo traz a ideia de diversificação. Você não sabe o que vai acontecer se vier uma crise mundial novamente. Talvez seja melhor investir em dólar e ouro. Se não existe crise, teoricamente os preços das ações tendem a subir, então ações podem oferecer maior rentabilidade.

E, como você não sabe o que vai acontecer, existe uma forma de equilibrar risco, liquidez e rentabilidade exatamente com esse ensinamento.

Já ouviu falar que não se deve botar todos os ovos em uma cesta só? É exatamente isso. Devemos montar uma carteira de investimentos diversificada.

O que é a carteira de investimentos? É a sua pizza de investimentos. Você vai alocar uma fatia em determinado tipo de investimento. Outra fatia da pizza você vai alocar em outro tipo. Normalmente, quando existe crise a bolsa cai e o dólar sobe. Então poderíamos deixar uma fatia da pizza em investimentos atrelados ao dólar, outra fatia atrelada em ações. Dessa forma minha carteira estaria mais protegida.

Não estamos recomendando investir assim, certo? Vai depender da parte do trilema a que você quer dar preferência. Só queremos aqui que você aprenda o conceito do que é uma carteira de investimentos, ou seja, um conjunto de vários tipos de investimentos, cada um com funções específicas.

É possível, para você, investir, mesmo que seja com pouco dinheiro.

Um investimento, por exemplo, que pode ter o objetivo de entregar mais liquidez e segurança, como tesouro direto, ou CDBS escalonados com liquidez diária de instituições financeiras que estão bem recomendadas, é possível iniciar com cinquenta reais.

Se você quer priorizar rentabilizar mais sua carteira, mais retorno, poderá aumentar as fatias de renda variável na sua pizza se investimentos. Alguns exemplos são ações, fundos imobiliários e até criptomoedas, mas é sempre necessário fazer isso com sabedoria, dentro do tamanho de fatia da pizza certo para você.

Construindo uma carteira diversificada, o risco fica sempre diluído. Assim, podemos concluir que não existe o melhor investimento sozinho. A pergunta não deve ser feita no singular, "Qual é o melhor investimento?", e sim no plural, "Quais são os melhores investimentos?" ou "Qual a melhor carteira?".

Outra pergunta que você pode estar se fazendo agora: como eu monto uma carteira de investimentos?

Novamente, depende da sua estratégia. Dependendo do seu objetivo, existe uma estratégia diferente! Isso nós ensinamos detalhadamente, com mais tempo e de maneira específica, para os nossos mentorados. E por que só lá nós ensinamos isso no detalhe? Porque na mentoria nós traçamos metas junto com o aluno. Com base nessa meta o mentorado começa a entender onde ele deve priorizar investir e, com base nos ensinamentos, ele mesmo define a sua carteira.

Sem ter uma meta definida de forma individual não existe carteira ideal, entende?

Por enquanto, aqui, a prioridade é desenvolver uma metanoia financeira. Apostamos que com essa informação a sua visão sobre investimentos vai mudar para sempre. Você já não vai mais pensar que vai achar um único investimento super-rentável com alta liquidez e alta segurança juntos.

Só quem tem um objetivo claro para o dinheiro vai conseguir montar uma carteira de investimentos boa.

Você pode estar pensando: se eu tivesse essa informação antes, teria começado a investir mais cedo. Ou: "Estou muito velho para investir!". Nesse caso, veja o caso da mentorada Aldeides, que com 65 anos fez o seu primeiro investimento e começou a ter duas novas rendas.

A Aldeides é funcionária pública federal. Ela ainda não se aposentou e estava procurando uma forma de fazer renda extra. Porém, ela entrou em algo além da renda extra, que são os investimentos. O primeiro investimento foi no tesouro direto, mas a Aldeides fez tudo com segurança, porque aprendeu com os ensinamentos do Ministério Cristão Rico. Começou a trabalhar com compostagem de adubo vegetal e ainda montou um ateliê de bordado, pintura e crochê. Ela havia aprendido a bordar na adolescência e resgatou esse talento perdido. Tudo isso foi despertado agora, com 65 anos de idade.

Se você não tem educação financeira para investir ou não sabe como investir na prática, o melhor conselho que podemos dar é: invista em sua educação financeira.

Lembre-se de que essa é a melhor semente que você pode plantar para ter mais dinheiro e poder ter essa ferramenta tão importante para realizar os sonhos de Deus na sua vida.

Revelamos aqui os conceitos básicos para você conseguir bons investimentos, mas o melhor investimento que você pode fazer... é na sua educação para ter mais dinheiro!

Para ser um melhor agricultor das suas árvores de dinheiro, como já falamos, lembre-se de que somos claramente ordenados a multiplicar os talentos que Deus nos dá, tanto materiais como espirituais. Para multiplicar nosso dinheiro, uma boa educação financeira é fundamental.

9

# COMO COMEÇAR A EMPREENDER

O propósito deste capítulo é ajudar você a começar a empreender e a gerar renda. Vamos apresentar a visão do empreendedor cristão. Antes, queremos saber: você quer aprender a começar um negócio que multiplique suas sementes, começando com o menor risco possível?

A primeira coisa que você precisa saber é:

### Identificar sua TPM

Não tem nada a ver com a TPM das mulheres. Vamos explicar melhor. São três coisas importantes para você identificar antes de começar a empreender: talentos, paixão e mercado.

- Quais são os seus talentos?
- Qual é sua paixão?
- Qual é seu mercado?

Talentos: no que você é bom? Com qual habilidade ou talento você foi presenteado por Deus?

Paixão: pelo que você é apaixonado? O que você faria mesmo que fosse de graça, sem receber nada?

Mercado: o que o mundo precisa, e pagaria por isso? Tem gente precisando de quê?

Quando encontra o ponto comum entre esses três fatores da TPM, você vai ter um grande sinal de qual negócio seguir.

Veja que o que estamos dizendo é diferente do que muitas pessoas fazem por aí. Houve uma época em que o negócio da vez foi a *paleteria*. Todo mundo falava: vou montar uma paleteria que vai dar certo. Será? Não... provavelmente não, se não estivesse ligado à TPM dessa pessoa. Depois houve a "febre" da esmalteria. Percebe?

Então, encontrar o ponto comum entre os três fatores da TPM faz toda a diferença para você começar certo.

Agora que você já sabe qual a primeira direção (ou seja, identificar seus talentos, paixão, entender se gosta e se identifica com o mercado), vou aprofundar essa ideia em uma próxima etapa. Aí vem uma pergunta-chave:

Por que estou fazendo isso?

Cremos que essa seja a questão central para justificar todo o esforço que realizamos em nossas vidas. A pergunta do "por quê?" é tão crítica que não conseguimos mais nos imaginar vivendo sem ela! Faz toda a diferença ter clareza nessa resposta.

Você sabe o que é motivação? É o "Motivo" para a "Ação"! Qual é o real motivo para você praticar a ação de começar esse negócio? Poderia ser o desejo de trabalhar de onde você quiser ou a crença de que você tem uma maneira melhor de fazer as coisas do que outras pessoas já estão fazendo ou o desejo de prosperar financeiramente para ser um canal de bênçãos na vida de outros.

Seja qual for o seu motivo, essa deve ser uma questão central para a sua vida como empreendedor cristão. Não responder a essa questão sem uma profunda reflexão pode levá-lo a uma enorme desmotivação e ao arrependimento no futuro.

A resposta bem fundamentada dará o combustível de que você precisa para passar pelos "traumas" de começar um negócio.

A resposta a essa pergunta será seu motor para seguir em frente em meio às dificuldades.

Mas precisamos alertar para algo muito importante.

Atenção! Muitos empresários cristãos têm tentado responder a essa pergunta com as motivações deste mundo.

Pode ser que obtenham sucesso financeiro em seus negócios, mas jamais encontrarão a verdadeira satisfação. A única maneira de responder ao seu "por quê?" de maneira correta é perguntando para Deus!

A resposta de Deus para a sua vida nessa questão é a garantia de que você jamais se sentirá decepcionado no futuro.

Portanto, se ajoelhe diante do Senhor e comece a clamar pela sabedoria de Deus para conseguir a resposta perfeita para essa pergunta na sua vida.

Uma boa dica de pergunta para se fazer é: por que Deus me abençoaria nesse negócio?

Aí vem outra pergunta (lembre-se de que, para achar as respostas certas, você precisa fazer as perguntas certas):

Quem é o dono desta empresa?

É outra questão que vai trazer uma boa clareza nas decisões e desafios futuros do empreendedor cristão. Pode ser que você esteja começando o seu negócio com um sócio, ou até sozinho, mas sempre o seu cônjuge se envolverá em algum nível nesse negócio.

Seja qual for o caso, o papel de cada um na empresa deve estar claramente determinado. Qualquer confusão ou dúvida com relação a essa pergunta criará graves dificuldades no futuro.

A resposta poderá salvar o seu negócio da destruição no futuro. Quantos negócios já não foram destruídos por falta de alinhamento entre sócios ou entre cônjuges? Você provavelmente vai ouvir várias opiniões sobre a melhor forma de conduzir o seu negócio.

Nossa dica é que você jamais perca a essência.

E grande parte da sua essência vem da primeira pergunta: Por que estou empreendendo?

Por isso é fundamental que os seus sócios estejam alinhados com o seu "por quê?", ou seja, eles devem acreditar na sua resposta à primeira pergunta.

Aqui temos mais um alerta importantíssimo...

Atenção! A resposta errada à primeira pergunta é a razão pela qual muitos empresários bem-sucedidos têm se sentido frustrados.

Mas só consegue responder de forma correta à primeira pergunta quem consagra os seus planos a Deus.

O empreendedor cristão entende que Deus é o dono do seu negócio.

Na verdade, Ele é dono de tudo. Se você não reconhecer isso, certamente terá problemas, mesmo que a empresa tenha sucesso.

O caminho para o sucesso pleno e para a verdadeira realização do empreendedor cristão é reconhecer que Deus é dono do seu negócio e com isso operá-lo de uma forma que se alinhe integralmente com a Sua Palavra.

Aí vem outra pergunta:

Qual é a visão para esse negócio?

Se você já é um homem de negócios cristão, deve estar imaginando essa questão no contexto de uma declaração de missão e valores fundamentais da empresa.

Embora esse seja um fator importante para o sucesso da empresa, neste item estamos falando da sua própria visão pessoal para o negócio, o que com certeza será um pouco diferente da visão e cultura da sua empresa.

Quando dizemos que você deve determinar a sua visão para o negócio, queremos dizer que precisa traçar um destino. Lembre-se de que aqui estamos propondo uma metanoia financeira, e, para começar a empreender, você deve começar pela sua mente.

Assim, com o seu destino em mente, você vai definir aonde quer chegar.

Até onde você vai?

Você consegue se imaginar nesse negócio por 25 anos? Como ele será após esse tempo?

Qual o legado que você quer deixar com esse negócio? Escreva em algum lugar, para seu registro e lembrança, o que você quer que as pessoas digam sobre o seu negócio no final desses 25 anos.

Que tipo de reputação você deseja que o negócio tenha? Quem você quer impactar? Qual a sua causa? Como essas pessoas serão impactadas?

Sem um destino claro em mente, você vai "deixar a vida te levar" em muitas decisões durante os próximos anos.

Se você tiver clareza desde o início, será muito mais fácil tomar decisões no futuro. Aqui vem outro alerta importantíssimo.

Uma visão centrada em resultados do mundo pode ajudar a ter sucesso no mundo dos negócios como empresário, mas você não vai encontrar a realização de que precisa como empreendedor cristão.

Ore por essa resposta. Busque orientação na palavra de Deus para essa visão.

Se você permitir que Deus lhe dê essa visão, não imagina o impacto que isso terá sobre os seus resultados e sobre a sua vida. Creia: só conduzindo o seu negócio com os princípios de Cristo, você terá a verdadeira realização.

*"O Senhor é a minha luz e a minha salvação; de quem terei temor? O Senhor é o meu forte refúgio; de quem terei medo?"* (Salmos 27:1).

*"Confie no Senhor de todo o seu coração e não se apoie em seu próprio entendimento; reconheça o Senhor em todos os seus caminhos, e ele endireitará as suas veredas"* (Provérbios 3:5-6).

Sucesso nos negócios é uma coisa, mas a realização verdadeira de um empresário cristão é algo totalmente diferente. *"O que é nascido de Deus vence o mundo; e esta é a vitória que vence o mundo: a nossa fé"* (I João 5:4).

Alguns empresários obtêm muito sucesso sem nenhuma comunhão com Cristo. Muitos deles se tornam empreendedores seriais e iniciam várias empresas ao longo das suas carreiras. Parece que ficam tentando algo que nunca os satisfará.

E por que é importante seguir todos esses passos que orientamos até aqui? Porque é comum acontecerem dois tipos de frustração no processo de empreendedorismo.

Frustração por incompetência: devido às dificuldades encontradas no negócio o empreendedor se frustra, se deixa abalar por sua falta de habilidade ou competências e leva o negócio a ruína. Para evitar isso é fundamental que o empreendedor esteja muito bem-preparado.

Frustração por falta de propósito: o empreendedor pode ter ou não sucesso financeiro em sua empresa, mas se sente frustrado por falta de propósito. Começa a se questionar por que está fazendo aquilo, por que trabalha tanto, entre outras várias questões que só quem passou por esse processo sabe quais são.

E tomar esses cuidados diminui os riscos de você ter esses dois tipos de frustração. Por incompetência ou por falta de propósito.

Agora vamos dar uma dica de ouro para reduzir o seu risco ao começar um negócio.

Tem gente que nos envia mensagens assim: "Vou começar um negócio próprio. O que acha de eu pegar um dinheiro emprestado para começar?".

A resposta é a seguinte: comece com as sementes que Deus já lhe deu. Para a expansão do negócio, não vemos problema em tomar emprestado com risco calculado e nas condições certas; isso de fato pode acelerar a multiplicação. Mas começar com dinheiro dos outros... é um risco desnecessário.

Nem você sabe se o negócio vai dar certo. Testar antes vai reduzir muito o seu risco. Para que colocar dinheiro dos outros em algo que você sequer testou?

Então, o próximo passo aqui é: pensar em um Mínimo Produto Viável (MVP, como é chamado na administração).

O que é o mínimo produto viável? É começar com o mínimo de que você precisa para testar a ideia.

Exemplo: você teve a ideia de montar uma loja de trufas de chocolate. Muitas pessoas fazem isto: elas pegam dinheiro emprestado para montar a loja sem nem testar a ideia. Em vez disso, você pode pegar cem reais, comprar esse valor em material, produzir as trufas e começar a vender. Vai testando a ideia. Vai sentindo as dificuldades. Vai aprendendo com o processo. Lembra que, quando você administra bem o pouco que tem, Deus o transforma em muito?

A dica aqui é: comece pequeno, mas sonhe grande!

Tenha uma boa mordomia com aquilo que já tem hoje.

O princípio da mordomia defende que tudo aquilo que temos não é nosso, mas sim de Deus. Ele simplesmente coloca nas nossas mãos para que possamos cuidar e produzir frutos, assim como bons mordomos. O mordomo é um bom e responsável administrador.

*"Aquele que é fiel no pouco no muito será colocado"* (Mateus 25:23).

Se você tem uma empresa pequena, precisa aprender a cuidar, administrar com diligência, produzir frutos, para que então Deus coloque nas suas mãos uma empresa maior.

A falta de mordomia certamente o levará para o vale. É uma questão de amor de Deus para com você. Em geral, é no vale que se aprende a ter uma melhor mordomia.

Dica: garanta que a sua empresa siga processos sólidos de administração à luz da Bíblia, principalmente se pretende expandir seu negócio.

## Lei da servidão

Significa servir mais pessoas e com mais valor. O dinheiro que a sua empresa vai gerar é proporcional ao valor e à quantidade de pessoas a que ela serve.

Não é difícil entender isso. Se você tem uma barraca de cachorro-quente e fatura quinhentos reais por dia servindo cinquenta pessoas, quanto faturaria por dia se conseguisse servir cem pessoas? Mil reais, o dobro!

E se você tivesse uma rede de barracas que atendessem mil pessoas por dia? Faturaria dez mil por dia, ou seja, dez vezes mais.

Mas e se, em vez de vender apenas o lanche por dez reais, passasse a servir também lanches mais elaborados no valor de vinte reais? Quanto faturaria? Sem dúvida, ainda mais.

Perceba que o faturamento que o seu negócio gera está sempre muito ligado à quantidade de pessoas a que ele serve e ao valor que ele agrega a cada cliente.

Dica: se o seu negócio está dando prejuízo ou se você não está satisfeito com o faturamento, reflita como você pode servir e agregar mais valor às pessoas. Não importa se você é autônomo, se é funcionário público ou de empresa privada, ou até se já é empresário.

Vamos a mais uma importante lição. Para reduzir o risco do seu negócio, você precisa investir em educação constante e se aperfeiçoar em algumas áreas:

1. Controlar as finanças: fluxo de caixa é o ar que o negócio respira. Uma empresa até sobrevive com prejuízo, mas não sem um fluxo de caixa controlado.

   A empresa mais valiosa mundo em 2020 – pelo terceiro ano consecutivo – era a Amazon. Ela deu prejuízo por muito tempo, mas sobreviveu por ter um controle de fluxo de caixa quase perfeito.

2. Aplicar a lei da servidão: você sabe como servir a mais pessoas e com mais valor? Quanto mais você serve a outros, mais riqueza você gera. A sua renda está ligada à quantidade de pessoas você serve. Coloque seus dons e talentos à disposição dos outros e você irá crescer. Muito além disso: você vai transbordar bênçãos na sua vida e na vida dos que estiverem ao redor.

3. Aprofundar conhecimentos em vendas e marketing vai fazer toda a diferença para o seu negócio. Cada vez mais os produtos são *commodities*, encontram-se em todo lugar. Pense em como sua marca pode gerar mais valor para o seu cliente. Muitas vezes provocamos os mentorados a refletir a respeito. Para isso, damos a eles aulas e palestras básicas dobre vendas e marketing digital.

4. Por fim, pense sempre: como posso fazer mais com menos?

Reflita sobre isso de forma constante e lembre-se do que diz Provérbios 16:1-3: *"Ao homem pertencem os planos do coração, mas do Senhor vem a resposta da língua. Todos os caminhos do homem lhe parecem puros, mas o Senhor avalia o espírito. Consagre ao Senhor tudo o que você faz, e os seus planos serão bem-sucedidos".*

10

# FINANÇAS PARA CASAIS

Este capítulo é muito especial. Vamos falar das finanças na família, mais especificamente das finanças na vida de um casal. Sempre ouvimos falar que problemas financeiros são capazes de acabar com um casamento e destruir famílias.

A destruição familiar provocada pela falta de maturidade em lidar com as finanças talvez seja um dos vários motivos que levam as pessoas a sustentar a crença errada de que o dinheiro é a raiz de todo mal.

Mas já aprendemos neste livro que não é o dinheiro a raiz do mal. O dinheiro é só uma ferramenta para cumprir os propósitos de Deus.

A Bíblia diz que o amor ao dinheiro é a raiz de todo o mal. Sim, é um princípio bíblico. Assim como é um princípio bíblico a importância de sermos bons mordomos e bons administradores de tudo o que Deus coloca nas nossas mãos, inclusive nosso dinheiro.

É por isso que sempre dizemos que a origem do mal, na verdade, é a falta de conhecimento sobre como aplicar os princípios bíblicos na sua vida.

É a falta de conhecimento da Palavra que destrói a vida das pessoas, inclusive a vida financeira. Ter ganância para ficar rico rapidamente contraria um princípio bíblico, mas administrar mal o dinheiro, não se preocupar com o uso dos recursos, desrespeita muitos princípios da Bíblia. Ambos os comportamentos geram destruição.

E, quando se trata de finanças no casamento, normalmente acontece assim: um cônjuge esconde do outro aquilo que compra para não ser criticado. O outro, por sua vez, vive reclamando que o seu parceiro ou parceira gasta demais. Um cônjuge esconde do outro o quanto ganha e vice-versa. Até que um dia os desgastes do relacionamento por falta de dinheiro já são irreversíveis. Foi quase o que aconteceu com a nossa mentorada Fernanda, que acordou a tempo para perceber tudo isso.

A história da Fernanda é muito interessante. O casamento dela estava quase no fim, mas, depois que começou a dar atenção às suas finanças, tudo mudou. Ela entendeu o quanto cuidar da vida financeira é importante para o casal. Quando conheceu o Ministério Cristão Rico, a vida da Fernanda estava à beira de um colapso. Nem dormia mais, pois estava com o sistema nervoso abalado. Ela é hipertensa crônica e estava enfrentando uma crise atrás da outra. Não havia mais diálogo com o seu marido, com quem tem três filhos pequenos; os dois discutiam o tempo todo por causa de dívidas. Tudo era motivo de briga e discussão. A família só permaneceu junta após aprender a controlar as finanças. O casal desenvolveu meios de aumentar a renda, além de fazer sobrar dinheiro.

Fernanda reconheceu a importância do cuidado com a sua vida financeira. Depois de ver o seu casamento quase chegar ao fim, eles experimentaram uma nova fase no relacionamento entre o casal e filhos. Veja como foi importante ela ter essa nova visão.

Incrível, né? Ter as finanças controladas pode mudar muitas coisas.

Outra história de casal: Jean e Alice decidiram se separar após 25 anos de casamento. Quando estava reunindo os documentos para o divórcio, Jean começou a dar uma olhada em antigas faturas do seu cartão de crédito.

Em uma delas, de exatos 36 meses antes, estava registrado o pagamento para um hotel em Atibaia onde ele e Alice haviam passado momentos de amor. Jean então se lembrou de que naquela data havia levado Alice para esse hotel a fim de fazer a renovação dos votos de casamento. Aquele tinha sido um momento muito agradável em família e inesquecível para o casal. Em outra fatura, Jean encontrou o pagamento de um anel que havia dado para sua mulher no aniversário de 17 anos de casamento. Ele pegou mais uma fatura e se lembrou, com orgulho de pai, do momento em que comprara um carrinho de bebê, logo após o nascimento da filha.

Depois de algumas horas mexendo nas faturas do cartão, Jean percebeu o quanto ele e Alice haviam investido no casamento. Parou e ficou refletindo por alguns minutos. Então, fechou a pasta e ligou para a sua mulher na mesma hora. Depois de trocar algumas palavras sem graça com Alice, deixou escapar o que ele realmente queria.

Ele disse assim: "Alice, será que você aceitaria trabalhar junto comigo para reconstruir o nosso casamento? Afinal, o que Deus uniu, que o Dinheiro não separe" (Mateus 19:6).

Apesar de uma crise familiar como a de Jean e Alice parecer distante de alguns de nós, o significado dos lançamentos dos gastos na fatura do cartão, seja o pagamento de um hotel, sejam alguns presentes especiais, seja, no nascimento de um filho, desperta emoções que são comuns a todos.

Esses pagamentos refletem a história das nossas vidas. Eles revelam nossos valores, nossas economias, nossos gastos e a quem nos doamos.

De fato, às vezes a fatura do nosso cartão de crédito revela mais sobre as nossas prioridades do que qualquer outra coisa. É por isso que Jesus falou tanto sobre dinheiro: 16 das 38 parábolas tratam da forma de lidar com o dinheiro e com as posses. Jesus falou mais sobre dinheiro do que sobre vários outros assuntos. Para você ter uma ideia, a Bíblia tem:

- 500 versículos sobre a oração.
- Menos de 500 sobre a fé.
- 2.350 sobre dinheiro, riquezas e posses.

Perceba que esse é um assunto que gera um impacto muito grande na vida cristã.

Agora, vamos conversar sobre como as dívidas, a falta de dinheiro e os problemas financeiros podem impactar o seu casamento e os relacionamentos com as pessoas que você ama, sendo um dos maiores motivos de separação dos casais.

A verdade é que dinheiro já foi apontado como o segundo maior motivo de destruição de famílias e de divórcio no mundo. Matérias sobre esse tema já saíram nos jornais e revistas[4].

Na verdade, os problemas com o dinheiro têm tudo para ser o primeiro maior motivo de separação. Sabe por quê?

Muitos casais nem chegam a se divorciar, porque não têm dinheiro para pagar os custos de um processo de divórcio.

Então se você não tem a consciência do impacto que uma vida financeira mal administrada pode ter no seu casamento, entenda de uma vez por todas: as dívidas ou falta de sabedoria para lidar com as finanças podem destruir uma família.

---

**4** Dinheiro é o 2º maior motivo de separação no mundo, diz livro. *Folha de S. Paulo*, 3 jan. 2014. Disponível em: <www1.folha.uol.com.br/livraria-dafolha/2014/01/1392860-dinheiro-e-o-2-maior-motivo-de-separacao-no-mundo-diz-livro.shtml>. Acesso em 29 set. 2021.

Recebemos muitas pessoas que dizem que gostariam de ter conhecido o nosso trabalho antes de ter se divorciado em decorrência de problemas financeiros.

Uma das situações mais corriqueiras dentro do casamento é a falta de consciência. O casal não percebe o quanto a vida financeira tem desgastado a relação, e, quando descobrem, pode ser tarde demais. Os números são estarrecedores; milhares de famílias são destruídas devido à falta de sabedoria para lidar com as finanças.

Como sair dessa terrível estatística?

A palavra de Deus é o melhor manual para a vida. Muitas pessoas nos pedem indicações de um livro sobre finanças e nós respondemos: leia a Bíblia! Ela tem tudo de que você precisa para saber bem administrar as suas finanças.

Para evitar esse risco e se libertar de uma vez por todas da escravidão do dinheiro, você só precisa fazer uma coisa: obedecer ao que esse manual chamado Bíblia nos ensina sobre finanças.

Foi isso que a Danielle fez. Daniele estava passando por um momento difícil, equilibrando muitas dívidas e sem saber por onde começar a organizar as coisas. Então, ela começou a buscar educação financeira e convidou o marido a estudar também. O detalhe é que os dois estavam distantes um do outro justamente por causa das dívidas. Quando decidiram mudar o quadro financeiro da família, eles começaram a se reaproximar.

Danielle e o marido nunca haviam conversado sobre finanças, porque não tinham conhecimento sobre o assunto. Quando buscaram entender do assunto à luz da Bíblia, por meio dos ensinamentos que compartilhamos no Ministério Cristão Rico, tudo começou a mudar de verdade. Depois disso os dois conquistaram muita coisa, estão mais unidos e diversas portas se abriram, pois eles passaram a aumentar a renda e quitaram dívidas. O marido da Danielle conseguiu um novo emprego e o casal, que antes vivia cheio de dívidas, passou a investir. Deus foi trazendo bênçãos sobre bênçãos na vida deles, pois naquele momento já estavam preparados para recebê-las.

Não é incrível? Ela não se entendia com o marido na vida financeira e o resultado disso eram brigas e muitas dívidas. Bastou os dois começarem a aplicar os princípios bíblicos para simplesmente passarem a quitar dívidas e até a investir. Esse é o poder da obediência aos princípios bíblicos. Ignorar essa realidade só vai trazer sofrimento. O povo perece por falta de conhecimento.

A verdade é que, cada vez que você desobedece a Deus e deixa de cumprir um princípio da Bíblia, isso pode gerar desequilíbrios na sua vida. Por exemplo: a Bíblia fala da importância do perdão. Perdoe seu irmão setenta vezes sete, disse Jesus.

Descumprir esse princípio pode gerar impactos emocionais e espirituais negativos, e gera também impacto físico. Especialistas dizem que nutrir sentimentos negativos é um dos grandes motivos de doenças, como o câncer.

Mas por que estamos falando sobre perdão? A Palavra diz que um abismo gera outro abismo. Um problema gera outro problema. O descumprimento de um princípio bíblico sobre finanças pode gerar desequilíbrio emocional, que afeta os relacionamentos, e tudo isso pode evoluir até a destruição de uma família.

É por isso que muitas famílias são destruídas por problemas com o dinheiro.

O que normalmente acontece é: você toma uma decisão financeira. Imagine que, por exemplo, você decidiu comprar uma casa financiada em trinta anos. Cinco anos depois, você ou seu cônjuge perde renda ou fica desempregado. Para não correr o risco de perder a casa, o que você faz?

Recorre a um empréstimo pessoal para cobrir essa dívida, acreditando que logo vai começar a ter renda novamente. Só que isso vai virando uma bola de neve, e quando você vê o casal está brigando, porque um acha que o outro deveria ganhar mais ou gastar menos. Em pouco tempo um cônjuge está escondendo compras do outro e o buraco na vida financeira da família só aumenta.

E nesse contexto sempre existem os negadores. Tem gente que diz assim: eu nunca deixaria o dinheiro afetar o meu casamento e os meus relacionamentos. Mas o que talvez os negadores não saibam é que muitos desses problemas são inconscientes. Sua vida vai se desequilibrando sem que você perceba.

Observe que todas as consequências que vimos até aqui não deixam de estar ligadas ao descumprimento de princípios bíblicos. A Bíblia não incentiva ninguém a ser desequilibrado emocionalmente. Pelo contrário, a Palavra diz que o domínio próprio é um fruto do espírito.

A Bíblia nos encoraja a amar uns aos outros, além de defender que a família é a base. O que Deus uniu, que o homem não separe (Mateus 19:6).

Então, fica aqui uma advertência: comece a cumprir princípios sobre finanças, pois isso é importante inclusive para preservar a união familiar.

Diz a Palavra que obedecer é melhor do que sacrificar. Na verdade, não há como obedecer sem conhecer. Mas não basta conhecer: você precisa saber como entrar em ação.

Tem gente que vive situações como esta: meu marido não fala de dinheiro comigo. Eu sei que isso é muito ruim para o casamento, mas o que devo fazer?

Nem sempre as pessoas gostam de conversar sobre dinheiro com seu cônjuge. Acabam falando só quando as coisas começam a ficar problemáticas. Está aí um grande erro.

Já vimos que os problemas financeiros estão entre os principais motivos de separações de casais.

O fato de você esconder as finanças do seu cônjuge gera algo chamado infidelidade financeira, mas existem meios de se preparar e evitar essa situação. Vamos a eles.

A Bíblia nos diz, em Efésios 5:31: *"Por isso deixará o homem seu pai e sua mãe, e se unirá a sua mulher; e serão uma só carne".*

Assim, sendo cristãos e acreditando no que a Bíblia diz, quando nos casamos nos tornamos uma só carne, uma só pessoa.

Então, imagine isto: duas pessoas com hábitos, culturas e criações diferentes deixam a companhia da sua família para se tornar uma só pessoa. Isso certamente afeta o nosso comportamento. Compreender o significado desse princípio bíblico para as nossas finanças pode evitar muitos problemas na sua casa.

Tem gente que acha impossível mudar as finanças porque o cônjuge não está comprometido com isso. Gostamos sempre de reforçar: a mulher sábia edifica o lar, e a tola o destrói. Se seu marido não está nem aí para as finanças, ou tem dificuldade para entender que precisa de ajuda, comece você dando o exemplo. Demonstre que você está preocupada em exercer uma boa mordomia, que é a boa administração das finanças da família.

Foi o que fez a Lucimara. Com jeitinho, ela convenceu o marido, Victor, de que ele precisava de ajuda. No início ele não queria aceitar os ensinamentos e resistia a qualquer tipo de mudança, mas, com o tempo, se inspirando nos exemplos e nas palavras de incentivo da Lucimara, ele começou a buscar conhecimento na mentoria do Ministério Cristão Rico, passou a executar as atividades propostas pelo programa e alcançou resultados bons para ele e para o seu próprio lar.

Os homens costumam ser mais práticos, por isso acham que para melhorar a vida financeira basta ganhar mais e gastar menos, e que o resto é enrolação. Exatamente por isso, alguns têm dificuldade para reconhecer que precisam de ajuda nas finanças. É bom lembrar que o homem tem um papel fundamental na família, portanto, ele pode e deve ser um exemplo de autoliderança.

Se você acredita que o seu cônjuge não tem jeito, pois ele ou ela nunca vai reconhecer que precisa mudar suas atitudes em relação às finanças, o melhor conselho que podemos dar é: jamais desista! Se você começou, não pare até ter as suas finanças controladas. Não importa se neste momento você está agindo sozinho ou junto com o seu marido ou mulher. O que importa é que Deus está levantando você para consertar as finanças do casal.

Tenha isto em mente: comece e não pare mais. Faça a sua parte e deixe Deus fazer a d'Ele.

Conhecemos diversos casais que conseguiram mudar a sua vida financeira porque um dos dois tomou as rédeas e decidiu mudar. Essa pessoa foi sábia para entender e aplicar os princípios bíblicos. O tempo todo estamos falando de sabedoria!

Se você estivesse com o seu cônjuge em um barco em alto-mar e de repente ele desmaiasse, você iria deixar o barco afundar porque ele está desmaiado? Ou iria remar sozinho para tentar salvar os dois?

Às vezes é isso que acontece na vida financeira do casal, um dos dois parece que está desacordado para esse assunto, mas Deus normalmente acorda um dos dois para tentar salvar o barco. Lembre-se disso!

Por que estamos insistindo na necessidade de enxergar essa realidade? Sempre escutamos pessoas reclamarem que as finanças da família estão afundando por causa do cônjuge. A questão é que a mudança começa em você, nunca no outro. Se você deixou o barco afundar, a culpa é sua também. Você é responsável!

Conversar sobre dinheiro não é cobrar um do outro onde gastou e por que gastou. Conversar não é discutir depois que já gastou. Discutir pelo que já gastou não faz sentido, é como dirigir um carro olhando só para o retrovisor. Concentre-se em conversar antes de gastar. Trabalhem juntos para definir o que querem e como pretendem usar o dinheiro de vocês. E isso pode ser feito a qualquer momento. Não precisa ser só no início da relação.

Se vocês já estão há algum tempo juntos e as coisas não estão muito encaixadas, agora é o momento de se sentar, conversar e planejar, respeitando, claro, as individualidades um do outro, mas sabendo que os dois vão ter que encontrar um caminho juntos.

A primeira coisa que o casal precisa definir é: "O que queremos fazer com o nosso dinheiro?". Investir, viajar, comprar casa, carro, ter uma aposentadoria melhor e assim por diante. O importante aqui é definir o que vocês querem.

Façam uma lista do que querem e organizem tudo por ordem de prioridade. É a hora de sonhar juntos e de começar a colocar os sonhos no papel.

Esses sonhos vão se tornar objetivos do casal. A partir desse momento, ter clareza sobre os recursos necessários para alcançá-los e sobre o prazo em que querem concretizar os sonhos passa a ser fundamental.

Vocês vão definir juntos como usar o dinheiro no dia a dia, as prioridades, além de estabelecer metas de gastos. Quando o casal tem metas de gastos, objetivos traçados em comum, faz sentido renunciar a algumas coisas. Não há sacrifício nas finanças. Vocês vão estar juntos fazendo as escolhas do casal.

Se vocês estiverem bem alinhados em relação ao quadro financeiro do casal, se estiverem conseguindo controlar as metas de gastos e fazer investimentos, ter uma conta conjunta ou não acaba sendo indiferente. É apenas um detalhe. A conta conjunta traz praticidade, mas a conta individual mantém a individualidade. Então, é uma decisão do casal.

Como fazer com os gastos individuais, as despesas de cada um? Tem mulher que reclama que o marido gasta demais com o carro ou com algum esporte; tem marido que reclama que a mulher gasta demais no salão de beleza, e isso gera brigas. E aí alguém faz a pergunta que não quer calar: quando se trata de finanças para casais, como fazer com os gastos individuais?

Um ponto importante para que o marido e a mulher mantenham sua individualidade é: quando criarem o quadro financeiro do casal, definir os gastos, as metas de investimentos e separar um valor para cada um usar sem ter que dar satisfação ao outro. Isso é importante até para o romance. Já pensou ter que definir no início do mês, em conjunto, o presente-surpresa que você quer dar para o seu marido? Então, um dos itens do quadro financeiro do casal tem que ser "gasto individual" de cada um.

Mas e se um ganha mais do que o outro e o casal decidiu ter contas separadas, como faz? Precisa dividir as despesas igualmente?

É interessante a ideia de juntar o que cada um ganha e a partir disso definir o quadro financeiro do casal. Se um ganha cinco mil e o outro dois mil, os dois ganham sete mil. É a partir daí que tudo é definido.

Se o casal fizer uma divisão proporcional aos ganhos de cada um, quem ganha mais paga mais. Matematicamente faz sentido, mas isso gera um clima meio esquisito no casal. Principalmente se depois de um tempo a situação se inverte. Então, o que vemos que faz mais sentido são divisões iguais.

### Dicas finais

Definam quem será o "controlador das finanças" do casal. É interessante ter um "controlador". Isso não tem a ver com autoridade, mas sim com habilidade. Entenda a diferença. Qual dos dois tem mais habilidade para controlar as finanças? Tudo vai ser conversado, definido em conjunto, mas o ideal é que um dos dois seja o controlador financeiro.

No casal sempre tem alguém que leva mais jeito para isso. Se não tiver, será aquele que está um pouco mais interessado em aprender. É importante aproveitar os talentos únicos de cada indivíduo.

Muito importante também: tomem decisões juntos!

O principal, porém, é que vocês sempre definam juntos o caminho para resolver uma divergência ou um problema. Até porque, nas finanças, tudo tem solução, então só precisamos encontrar essa solução. E duas cabeças, com certeza, pensam bem melhor do que uma.

Por isso, não escondam nada um do outro isso (lembrem-se da infidelidade financeira). Tenham em mente que o amor de vocês é mais importante do que qualquer sucesso nas finanças.

Não alimentem a ideia de "dinheiro meu e dinheiro seu": é dinheiro nosso. Lembre-se de que Deus fez de vocês uma só carne.

11

# COMO TER TEMPO PARA CONTROLAR AS FINANÇAS

Muitas pessoas desejam buscar mais renda e ter as finanças controladas, mas dizem "Eu não tenho tempo". É por isso que neste capítulo nós vamos conversar sobre como ter mais tempo para ter suas finanças controladas e com isso melhorar todas as áreas da vida.

Vamos conhecer o passo a passo básico para fazer uma boa gestão do tempo e assim ter uma vida mais próspera e conseguir ter as finanças controladas.

Quando falamos de vida próspera, não estamos nos referindo apenas ao sucesso nas finanças. Trata-se, na verdade, de sucesso em todas as áreas da vida. Equilíbrio, plenitude!

Então, se você é daquelas pessoas que vivem dizendo que não ganham mais dinheiro porque não têm tempo, ou que não mantêm as finanças controladas porque não têm tempo, ou que não fazem o que deveriam fazer porque não têm tempo, queremos encorajá-lo a eliminar agora essa crença sabotadora em sua mentalidade!

Para começar a incentivá-lo a isso, vamos lhe contar a história do Roberto. Esse testemunho mostra que, quando está na direção certa, mesmo com pouco tempo você consegue resultados transformadores.

O Roberto não dispunha de muito tempo livre, pois tinha horários complicados no trabalho, mas, mesmo andando mais devagar, ele não desistiu de chegar ao seu destino e persistiu.

Ele estava em uma situação difícil, com muita dívida no cheque especial e no cartão. Porém, usando poucos minutos do seu dia, conseguiu adotar algumas ações para mudar esse cenário e hoje não deve mais nada. Cortou o cheque especial e controlou o cartão de crédito de forma inteligente. Essas duas mudanças lhe permitiram fazer uma economia de aproximadamente dezoito mil reais por ano. Essa é uma prova de que mesmo com pouco tempo é possível tomar atitudes certeiras rumo à boa mordomia.

É importante que você esteja motivado a cuidar de todas as áreas da sua vida. O nosso Deus quer que vivamos a vida plena. Então, por que até agora só falamos de finanças e da área espiritual? Primeiramente, porque é o foco do livro. Além disso, acreditamos que essas duas áreas são alavancas poderosas para fazer você melhorar em todas as outras áreas da vida.

O que você precisa de fato começar a fazer é ser um melhor mordomo do tempo que Deus dá, a fim de ter uma vida melhor em todos os aspectos.

Em Eclesiastes, a Bíblia diz que há tempo para tudo debaixo dos céus. É por isso que cremos que há tempo para cuidar de todas as áreas da nossa vida (Eclesiastes 3:1).

Segundo os preceitos da Bíblia, devemos cuidar da nossa vida espiritual, familiar, conjugal, profissional, ministerial, emocional e física, porque o nosso corpo é o templo do Espírito Santo.

Para cuidar de tudo, preste atenção a estas dicas:

Entenda como está cada área da sua vida.

Dê uma nota de 0 a 10 para a sua vida espiritual. Como está a sua intimidade com Deus? Zero ou 10?

Faça isso também para as outras áreas: financeira, profissional, conjugal, saúde, autoestima, lazer e relacionamentos. Tendo consciência de como anda a sua vida, você vai poder definir metas específicas para cada área. Mas como definir metas? Elas devem ser sempre Específicas, Mensuráveis, Alcançáveis, Relevantes e Temporais, conforme é orientado no método denominado SMART. No fim deste livro, você encontrará o QR Code para baixar a apostila desse método, que vai ajudá-lo a traçar suas metas de forma detalhada, com objetividade e tranquilidade.

Queremos reforçar aqui o conceito de áreas-alavanca, aquelas que causarão impacto direto nas demais áreas da vida.

Se uma pessoa não está bem na área financeira, por exemplo, isso tende a causar impactos nos relacionamentos familiares. Talvez ela comece a discutir com o cônjuge ou a brigar com outro membro da família por causa de dinheiro. Esse problema pode afetar também a sua vida emocional e a saúde. Então, a vida financeira é um exemplo de área-alavanca.

Da mesma forma, se a sua vida espiritual está ruim, isso tende a impactar as demais áreas. Você pode não se sentir bem emocionalmente, e talvez isso cause algum tipo de desânimo. Você não se sente motivado a desempenhar plenamente o seu papel nas outras áreas da vida. É por isso que entendemos que a área espiritual também é uma área-alavanca.

Entendeu o conceito?

Se você entendeu esse conceito, agora precisa entender que as áreas-alavanca podem ajudá-lo a alavancar as outras áreas da vida. Portanto, faz sentido dar mais atenção a essas áreas no planejamento das suas metas.

Temos percebido no nosso ministério que a melhoria na área financeira acaba causando melhorias significativas na área espiritual.

A verdade é que muitas pessoas se frustram com Deus porque acham que Ele é o responsável pela vida financeira de todos nós, mas não é isso que Ele ensina em sua palavra. Quando essas pessoas percebem que Ele só está esperando obediência aos seus princípios de boa administração para começar a oferecer bênçãos nessa área, tudo começa a fazer sentido. Temos visto que o entendimento da boa mordomia, além de melhorar as finanças, tem aproximado as pessoas de Deus. Elas agora entendem o seu papel como mordomos e passam a ser gratas por tudo aquilo que Deus tem confiado às suas vidas.

Muito bem. Você definiu as metas de acordo com o método SMART.

Agora que tem as metas na mão, trace um plano para chegar até elas. Escreva as tarefas que você precisa executar para conseguir alcançar as metas que traçou.

Vamos supor que uma de suas metas seja buscar maior intimidade com Deus. Dentro desse plano, você pode estabelecer a tarefa de reservar uma hora por dia para a oração, por exemplo.

Então, escreva lá na sua lista: fazer uma hora de oração por dia.

Outro exemplo: digamos que você seja professor de português e uma de suas metas seja aumentar a renda para investir. Você pode definir como atividades do seu plano: fazer revisão de texto como freelancer, por exemplo.

Se uma das suas metas é perder peso, você pode incluir na lista: ir à academia todos os dias.

Depois que você listou todas as coisas que precisa fazer para atingir as suas metas, é hora de jogar essas tarefas para uma ferramenta de execução muito famosa. É uma ferramenta muito usada para organizar o tempo e definir quando cada uma dessas tarefas será realizada.

Essa ferramenta se chama agenda. E uma agenda preenchida dessa forma é o que chamamos de agenda produtiva.

Se você não organiza a sua agenda dessa forma, priorizando as tarefas que irão direcioná-lo para atingir as suas metas, você está sendo a agenda dos outros, e dificilmente conseguirá chegar a uma vida realmente próspera.

Você quer continuar sendo a agenda dos outros? Quem realiza coisas grandes tem sua agenda bem definida de acordo com suas prioridades. Pare de ser usado como escada. A verdade é que gerir bem o seu tempo tem tudo a ver com melhorar as finanças. As pessoas que querem melhorar nessa área precisam antes cumprir o princípio de mordomia com o seu tempo.

Ter tempo para fazer as coisas importantes é uma questão de prioridade.

## Transforme o desperdício de tempo em dinheiro

Ter tempo para manter as finanças controladas e para se dedicar à sua vida financeira tem a ver com as suas escolhas e com as suas prioridades.

O que você faz com o seu tempo indica aquilo que é prioridade para você. Será que, para você, é prioridade passar horas nas redes sociais sem ter um propósito definido para isso? Será que você não poderia estar fazendo algo mais produtivo e que o levasse a atingir suas metas?

Use o tempo que você desperdiça de forma mais produtiva e faça dinheiro.

Será que você está incluído no universo de pessoas que, segundo diz uma pesquisa, desperdiçam em média duas horas e meia do seu dia sem fazer nada?

Então, aproveite aquele momento enquanto está na fila para ouvir um bom podcast, ler um livro. Imagine se você pegasse essas duas horas ou mais que são desperdiçadas todos os dias e começasse a fazer algo de que goste, e que ainda pudesse te ajudar a gerar renda adicional... Fazer um curso online. Como seria?

Dica rápida: use o seu precioso tempo para executar as tarefas que vão conduzi-lo para o atingimento das suas metas e para o ganho de mais dinheiro e o aumento da renda. Não se trata de ganância, mas de obedecer ao princípio de melhorar a mordomia do tempo que Deus dá a você hoje.

Quer ganhar dinheiro extra usando esse tempo que você desperdiça? Cadastre-se agora mesmo em sites como *Workana, 99Freelas, VintePila, GetNinjas*. Você pode gerar renda oferecendo serviços de freelancer nessas plataformas e em outras semelhantes.

Comece a usar o seu tempo da forma mais produtiva possível. Os bilionários têm as mesmas 24 horas que você. Será que eles as utilizam da mesma forma que você?

No livro *Rich Habits* [Os hábitos dos ricos]: o diário dos hábitos de sucesso das pessoas ricas, Tom Corley relata que passou cinco anos observando o comportamento de mais de 350 pessoas "ricas" e "pobres". Ele acompanhou o modo como vivem, trabalham e dormem e chegou à conclusão de que os hábitos diários são o que define a razão de sua riqueza ou pobreza.

Uma das coisas que esse pesquisador descobriu foi que os ricos não perdem tempo. Quando chegam ao escritório, essas pessoas já sabem o que fazer, e geralmente cumprem no mínimo setenta por cento das tarefas da agenda planejada para o dia.

É importante que o seu planejamento de agenda seja realmente focado em ter uma vida equilibrada, porque isso é uma vida realmente próspera. Não adianta se esforçar para ter mais dinheiro e estar com todas as demais áreas da vida destruídas. Isso não é saudável. Em nosso entendimento, se concentrar apenas na área financeira não é um ato de mordomia, e sim de ganância.

Perguntas essenciais:

- Você controla o seu tempo ou ele controla você?
- Você tem a sua agenda ou é a agenda dos outros?

Por fim, é importante que estabelecer rotinas que o levem para a vida que você quer ter. Planeje sua agenda considerando essas rotinas. Temos a tendência natural a nos adaptar mais facilmente a situações nas quais existem rotinas.

Se você quer ter uma vida de mais saúde, precisa incluir na sua rotina alguma atividade física, nem que seja para praticá-la na rua.

Se você quer ter mais intimidade com Deus, precisa ter um tempo de oração com ele todos os dias.

Se você quer ter uma vida financeira mais próspera, precisa dedicar um tempo em sua rotina para estudar sobre finanças.

Somos o reflexo da nossa rotina!

Quando surge a notícia de que fulano vendeu uma empresa por um bilhão de reais, as pessoas pensam assim: "Nossa... Ele ficou rico de uma hora para outra". Mas na verdade foi o processo, foi a rotina que fez ele gerar essa riqueza.

Nunca reclame de falta de tempo. O seu problema é a falta de prioridade!

Se não incluir na sua rotina o aprendizado sobre finanças, você nunca vai aprender. Então, queremos desafiá-lo a pegar a sua agenda agora e já reservar pelo menos trinta minutos por dia para estudar finanças. Se o seu caso for crítico, reserve o dobro de tempo (uma hora por dia) ou o triplo (uma hora e meia por dia). Quanto mais tempo você investir nesse estudo, mais rápido terá os resultados.

Claro que para isso é preciso ter o direcionamento correto, mas dessa parte pode ter certeza de que você cuidando, porque não há direção mais certa que a da palavra de Deus. E, se você ainda não tem o seu tempo devocional com Deus todos os dias, fica aqui o desafio de dedicar um tempo para isso na sua agenda.

Falando na palavra de Deus, é sempre bom lembrar: *"Tudo tem o seu tempo determinado, e há tempo para todo o propósito debaixo do céu"* (Eclesiastes 3:1).

Muitas pessoas leem esse versículo e acham que precisam ficar esperando o agir de Deus. Às vezes precisamos mesmo, mas, quando se trata de finanças, o que vai fazer você mudar de vida é reservar na sua agenda uma janela de tempo determinada para esse propósito.

Comece a fazer as coisas no tempo certo.

12

# COMO SABER SE TENHO AS FINANÇAS CONTROLADAS SEGUNDO A BÍBLIA

Vamos começar este capítulo fazendo uma pergunta: você anda preocupado e correndo atrás de dinheiro para pagar as contas? Talvez você responda: "Ah, o que eu quero é ter as minhas contas pagas. Nem quero ter muito, só o suficiente para viver". Você pensa assim? Já ouviu alguém falar desse jeito?

Queremos revelar agora o segredo que vai ajudá-lo a nunca mais precisar correr atrás de dinheiro para pagar as contas. Você vai descobrir também por que muitas pessoas dão o dízimo e ofertas e não conseguem ter as finanças controladas. Aliás, você vai acabar aprendendo hoje princípios bíblicos sobre finanças que talvez nunca tenha escutado na sua igreja ou em qualquer outro lugar.

Então, qual será o segredo para ter as finanças controladas segundo a Bíblia e ainda nunca mais precisar correr atrás de dinheiro? Antes de descobrir, precisamos ir ao fundamento bíblico. Precisamos lembrar do que falamos até aqui. Conversamos sobre como ter paz financeira e sobre o motivo de muitos cristãos não prosperarem segundo a Bíblia. Começamos falando que o dinheiro é uma ferramenta para cumprir os propósitos de Deus aqui na Terra; quem não sabe lidar com essa ferramenta tem dificuldade para obedecer verdadeiramente a Deus.

Vamos analisar o perfil da maioria das pessoas que chegavam até o Ministério Cristão Rico endividadas ou com problemas financeiros.

Elas chegavam com a autoestima baixa, extremamente envergonhadas pelas suas dívidas e por ter chegado a uma certa idade sem acumular qualquer patrimônio. Era comum conhecermos pessoas que tinham vergonha de dar um mau testemunho como cristãos.

Elas achavam que ganhavam pouco e se sentiam escravas do dinheiro. Vamos combinar que passar o mês todo trabalhando só para pagar contas é um tipo de prisão, como já vimos aqui. Se tiver dívidas, então... A própria Bíblia diz que quem deve é escravo de quem empresta.

Elas fugiam dos problemas financeiros, negavam que deveriam aprender a lidar com eles. Transferiam a responsabilidade nesse assunto a Deus.

Elas não cumpriam os princípios bíblicos para uma boa administração financeira. Boa parte dessas pessoas sequer conhecia esses princípios. Sim, muitas delas davam dízimos, procuravam ser fiéis a Deus, mas todas, sem exceção, descumpriam os mais importantes princípios bíblicos sobre finanças.

Elas tinham fé que um dia Deus ia fazer um milagre e elas iam melhorar suas finanças.

E por que tudo isso acontecia? Além da desobediência aos princípios, um dos motivos é o fato de essas pessoas não conhecerem sua verdadeira identidade em Cristo. Elas oravam, mas não sabiam que eram filhas de Deus. Quando você tem identidade de filho, sabe que tem direito a uma herança. Em contrapartida, quando você não compreende que é filho do Deus, todo-poderoso, dono da prata e do ouro, não se considera merecedor de ter uma vida próspera ou acredita que não nasceu para isso.

Ainda vamos além: temos casos de pessoas que acreditavam que talvez o destino de Deus para a vida delas fossem as dívidas mesmo. Muitos diziam que só queriam ter o suficiente.

Essas pessoas começavam a perder a identidade, a esquecer quem elas eram. Esqueciam que Deus as criou para um propósito muito maior do que só ficar trabalhando para pagar contas. A verdade é que aqueles que pensam assim tiveram sua identidade roubada, e, segundo a Bíblia, quem veio para roubar, matar e destruir foi o salteador das ovelhas: o diabo.

É importante relembrar algumas noções sobre as quais falamos nos capítulos anteriores:

Você tem identidade de filho de Deus.

Foi criado à imagem e semelhança d'Ele.

Você foi criado para dominar a Terra.

Seu Pai é dono da prata e do ouro.

Mas você precisa estar capacitado para ter acesso a tudo isso e agir com o propósito certo, que é o propósito do Reino.

E tudo que você precisa fazer para viver essa realidade é aprender a ter suas finanças controladas segundo a Bíblia, assim como Ele ensina.

Foi isso que fez a Iolanda, mentorada do Ministério Cristão Rico.

Iolanda quitou dois empréstimos consignados e começou a investir. Foi aprendendo e fazendo. Ela ficou maravilhada por ver que, em menos de sessenta dias de mentoria, já havia pagado o seguro do carro à vista e estava realizando transformações reais dentro da sua vida financeira. Começou a investir em ações e conheceu um mundo novo, um mundo que não conhecia; um mundo que poucos acreditam ser possível para eles. Iolanda não apenas estudou sobre os princípios bíblicos: ela os colocou em prática.

Tudo o que Iolanda fez foi pegar os princípios bíblicos que aprendeu e começar a pôr em prática. E existe uma receita para fazer isso. Mas, antes de iniciar, a primeira coisa que você precisa ter em mente com muita clareza é quais são esses princípios bíblicos. É isso que você vai descobrir daqui a pouco.

Agora, no entanto, precisamos entender por que não são corretos os pensamentos do tipo "Só quero ter o suficiente para viver bem". É comum ouvirmos pessoas falando assim. "Não quero ter muito, só o suficiente para viver bem". Parece algo nobre, né? Já vamos mostrar a você o motivo de não concordarmos cem por cento com isso.

Há uma frase de que gostamos muito: ou o dinheiro serve você ou você serve ao dinheiro. Qual dessas opções você escolhe? Se escolher servir ao dinheiro, você é escravo dele. Se o dinheiro serve a você, ele é apenas uma ferramenta. Aliás, tudo aquilo que domina você é seu senhor. Quem tem identidade de filho sabe muito bem que o homem foi feito para dominar a Terra, exercer a boa mordomia e se submeter à vontade do Criador.

Está escrito em Gálatas 4:1-2: *"Digo porém que, enquanto o herdeiro é menor de idade, em nada difere de um escravo, embora seja dono de tudo. No entanto, ele está sujeito a guardiões e administradores até o tempo determinado por seu pai".*

É claro que essa palavra não se refere apenas à vida financeira. Nós cremos que ela fala principalmente da nossa vida espiritual como um todo, mas já aprendemos com base na Bíblia que finanças são um assunto altamente espiritual, ao contrário do que muitas pessoas pensam.

Nessa palavra começamos a entender por que, mesmo sendo herdeiros de Deus, que é Dono de tudo, muitos filhos continuam a ser escravos do dinheiro. O motivo é: quando você é menor de idade, a imaturidade é vista muitas vezes como sinônimo de incapacidade para praticar alguns atos da vida em sociedade. Quem é menor de idade ou "incapaz" precisa da ajuda de um tutor, de um curador ou de um adulto responsável que possa tomar decisões por ela/ele e gerir sua vida.

Essa palavra diz que, enquanto for imaturo ou incapaz, você vai continuar sendo dependente. E, como aqui estamos falando de vida financeira, relembramos este aprendizado importante: enquanto você for incapaz para ter suas finanças controladas, você vai ser escravo do dinheiro e das dívidas.

Veja que não estamos falando de dízimo, oferta, nada disso. Estamos falando de capacidade, maturidade para administrar o que Deus coloca nas suas mãos. Mais especificamente na área financeira, estamos falando de obedecer aos princípios bíblicos sobre finanças. O que importa aqui não é o quanto você tem, mas o quanto você está sendo fiel em administrar cada centavo que Deus coloca nas suas mãos.

Há uma herança enorme esperando por você, para o dia em que Deus começar a considerar que você é capaz. Isso vale para o mundo material e para o mundo espiritual. Sabemos que pode ser dolorido escutar isso, mas Deus compreenderá que você é capaz quando você começar a administrar suas finanças de maneira correta, mesmo com poucos recursos inicialmente. Quanto melhor administrador você for, mais recursos chegarão até as suas mãos, pois você se tornará uma pessoa mais confiável e diligente.

É claro que não devemos ter ganância; não se deve jamais querer o dinheiro pelo dinheiro. Já vimos neste livro o quanto a Bíblia nos adverte sobre esse tipo de comportamento.

Por outro lado, quando estamos no centro da vontade de Deus e temos sonhos grandes que estão alinhados com os propósitos d'Ele, precisamos, sim, de recursos, e, nesse caso, ter apenas o suficiente para viver não vai nos fazer cumprir esses propósitos.

Por isso dizemos que, muitas vezes, querer ter só o suficiente para viver é ser egoísta. Em outras palavras, essas pessoas estão dizendo assim: "Se estiver tudo bem comigo, não quero mais nada!". É, sim, uma atitude extremamente egoísta. Isso porque, quando escutamos alguém dizer que só precisa do suficiente para viver, logo pensamos: e as outras pessoas? E o Seu chamado?

A vida cristã tem mais a ver com os outros do que com você mesmo. Não se pode ajudar os demais tendo só o suficiente para você. Para você transbordar na vida de alguém, precisa estar sobrando na sua. Aqui no Cristão Rico sempre dizemos que o verdadeiro cristão rico é como um rio. O rio tem uma nascente, onde entra muita água, mas também tem o transbordo, de onde sai muita água. Não tem como entrar muita água num rio que não transborda, certo?

Com as nossas finanças é assim também. Então, pare de achar que ter as suas finanças controladas segundo a Bíblia é simplesmente ter as contas em dia e ganhar o suficiente para viver.

A verdade é que, se você pensa assim, já está em desobediência à Palavra. Ter as finanças controladas de acordo com a Bíblia é muito mais do que isso, e não se contentar com o suficiente para viver é um ato de obediência aos princípios bíblicos sobre finanças.

E esse é o segredo para nunca mais correr atrás de dinheiro. Parece contraintuitivo, mas é isto mesmo: quando você cumpre princípios, o dinheiro é gerado sem você se preocupar com ele. Quando você cumpre princípios, não é mais o dinheiro o foco, e sim cumprir os princípios e ser obediente a eles.

Você aprendeu nos capítulos anteriores que a paz não está no destino, mas sim no cumprimento do processo, que é obedecer a todos os princípios bíblicos sobre finanças, sem exceção.

Caso você diga "Se eu tenho todas as minhas contas pagas, tenho minhas finanças controladas", saiba que não é bem assim. Ter suas finanças controladas segundo a Bíblia é muito mais do que isso. É algo muito além de pagar as contas em dia.

É importante refletir: você tem obedecido a Deus quando se trata da vida financeira?

Queremos encorajá-lo a enfrentar essa realidade e ajudá-lo a conhecer outra realidade daqui para a frente. Você está disposto? Seja sincero consigo mesmo, não se engane. Somente reconhecendo sua situação atual você conseguirá essa transformação.

Então, agora queremos propor um teste com doze perguntas-chave para avaliar se você está cumprindo os princípios bíblicos sobre finanças, e se você tem as suas finanças controladas segundo a Bíblia.

Antes de fazer a primeira pergunta, queremos lembrar o que diz a Bíblia em Provérbios 6:6-8: "*Observe a formiga, preguiçoso, reflita nos caminhos dela e seja sábio! Ela não tem nem chefe, nem supervisor, nem governante, e ainda assim armazena as suas provisões no verão e na época da colheita ajunta o seu alimento*".

Quando trazemos esse conceito para nossa vida financeira, temos um aprendizado importante: precisamos armazenar as nossas provisões no verão, no tempo de vacas gordas, para fazer a nossa reserva de segurança.

O que é a reserva de segurança? É uma reserva de três a seis meses das suas despesas fixas para que você possa cobrir imprevistos.

Então, aqui vai a primeira pergunta: *você faz como as formigas e tem uma reserva de segurança que contemple de três a seis meses das suas despesas fixas?*

Se você gasta em média dois mil reais por mês, você tem de seis a doze mil reais investidos para a sua reserva de segurança? Se não tem, você não cumpre esse princípio. Como diz a Bíblia, as formigas armazenam as suas provisões no verão, isto é, nos melhores tempos. E você tem feito isso? Sim ou não?

Agora vamos à segunda pergunta, mas antes queremos lembrar o que está escrito em Provérbios 21:20: "*O homem sensato tem o suficiente para viver na riqueza e na fartura, mas o insensato não, porque gasta tudo o que ganha*".

Na vida financeira, temos o sensato como aquele que tem o suficiente para viver na riqueza e na fartura, mas essa palavra diz que o insensato gasta tudo o que ganha!

Veja aqui que ter as contas pagas não faz de você uma pessoa sensata! Porque você pode ter as contas todas pagas e ainda assim gastar tudo o que ganha. Nesse contexto, perguntamos: *você gasta menos do que ganha e é o homem sensato de Provérbios 21:20? Sim ou não?*

Chegou a hora de responder à terceira pergunta, mas precisamos lembrar o que diz a Bíblia em Mateus 25:21: "*Respondeu-lhe o senhor: 'Muito bem, servo bom e fiel! Foste fiel no pouco, muito confiarei em tuas mãos para administrar. Entra e participa da alegria do teu senhor!'*".

*Você tem sido fiel em administrar o pouco que Deus tem colocado nas suas mãos?* Quando falamos sobre esse conceito super importante, muitas muitas pessoas respondem: "Eu sou dizimista fiel, e mesmo assim a minha vida financeira não evolui". A verdade é que isso não tem a ver com doação. Esse conceito tem a ver com boa administração. Doar faz parte, mas precisamos ir muito além disso. Essa passagem deixa claro que existe uma condição para o Senhor colocar muito nas suas mãos. Essa condição é que você seja fiel em administrar o pouco que Ele já deu a você.

Então, pense. Se você fosse Deus, daria mais dinheiro para você administrar da forma que vem fazendo hoje? Você está realmente administrando bem esse pouco que ganha? Se as respostas forem não, Deus jamais colocará você no muito, porque Ele sabe que você vai desperdiçar.

Ser fiel no pouco é otimizar os recursos que recebe de Deus, saber fazer mais com menos, é fazer multiplicar, como diz a parábola dos talentos. A Bíblia fala que devemos ser bom mordomos do Senhor, e como bons mordomos temos que saber administrar bem tudo aquilo que ele coloca nas nossas mãos. Veja o que diz Lucas 16:11: *"Assim, se vocês não forem dignos de confiança em lidar com as riquezas deste mundo ímpio, quem lhes confiará as verdadeiras riquezas?"*. Você é um bom mordomo? Digno de confiança para lidar com as riquezas deste mundo?

Deus nos deu a sagrada responsabilidade de cuidar do que pertence a Ele. Em sentido amplo, a mordomia envolve o uso sábio e fiel de tudo que Ele coloca nas suas mãos.

A quarta pergunta que temos para você é: *você pratica a lei da quinta parte?*

A Bíblia fala em Gênesis 41:34-36 sobre o conselho que Deus deu ao faraó usando José do Egito como intermediário: *"Faça isso, Faraó, e ponha governadores sobre a terra, e tome a quinta parte da terra do Egito nos sete anos de fartura. E ajuntem toda a comida destes bons anos, que vêm, e amontoem o trigo debaixo da mão de Faraó, para mantimento nas cidades, e o guardem. Assim será o mantimento para provimento da terra, para os sete anos de fome, que haverá na terra do Egito; para que a terra não pereça de fome"*.

A lei da quinta parte é muito poderosa para a geração de riqueza. E qual foi a consequência de José ter aplicado esse princípio? Ele tornou o Egito a nação mais rica daquela época. Com a história de José, Deus nos ensina um princípio poderoso para a prosperidade: Poupe a quinta parte de tudo aquilo que você ganhar.

Só que o recurso que você poupar deve ter um propósito. Qual foi o propósito de Deus orientando José a poupar a quinta parte de tudo o que produzia? Servir as nações vizinhas no tempo de seca.

Você tem obedecido a Deus e aplicado a lei da quinta parte na sua vida? Sim ou não?

E agora vamos para a quinta pergunta, que aliás tem tudo a ver com as duas anteriores. Se você é fiel em administrar o pouco que Deus lhe dá, se você cumpre a lei da quinta parte, agora sim você tem recursos para multiplicar. Quem multiplica é o servo bom e fiel.

*Você aplica a lei da multiplicação e investe com propósito as moedas de ouro que Deus coloca nas suas mãos? Sim ou não?*

Em Mateus 25:14 e seguintes consta a parábola dos talentos ou das moedas de ouro. Há uma lei importante ensinada por Jesus na Bíblia: a lei da multiplicação. Tudo o que Ele nos dá são talentos! E Ele nos ensina nessa passagem a importância de multiplicar os nossos talentos. Somos claramente ordenados a multiplicar os talentos que Deus nos dá. Tanto materiais como espirituais.

Para multiplicar nosso dinheiro, uma boa educação financeira é fundamental. Quanto mais você sabe, mais decisões certas você toma. Nas finanças é assim também: quanto mais você sabe como ganhar dinheiro, mais dinheiro você ganha. Contudo, lembre-se de que esses recursos precisam ter um Propósito.

Nós, do Cristão Rico, investimos muito com propósito. Quando falamos de investir um milhão de reais em anúncios para trazer pessoas para participar dos nossos cursos gratuitos, quando falamos em investir na produção de vídeos, conteúdo e equipe para servir cada vez mais pessoas, estamos separando um recurso que poderia estar rendendo em investimentos no mercado financeiro para fazê-lo trabalhar com propósito! E é claro que esse recurso vai se multiplicar, porque, quando você investe com propósito, com visão de servir e transformar pessoas de forma genuína, Deus o honra e faz com que o retorno venha não apenas espiritualmente, mas também financeiramente.

Agora vamos para a sexta pergunta, que é baseada em Lucas 14:28-30:

*"Qual de vocês, se quiser construir uma torre, primeiro não se assenta e calcula o preço, para ver se tem dinheiro suficiente para completá-la? Pois, se lançar o alicerce e não for capaz de terminá-la, todos os que a virem rirão dele, dizendo: 'Este homem começou a construir e não foi capaz de terminar'"*. Essa passagem nos ensina que não basta sonhar com a torre; é preciso planejar como será construída essa torre.

Então, responda: *você planejou a sua vida financeira para os próximos doze meses? Sim ou não?*

Sétima pergunta: *você tem doado pelo menos dez por cento da sua renda? Se acredita no dízimo, você tem devolvido o dízimo? Se não acredita, tem doado aos necessitados, conforme Jesus nos orienta? Sim ou não?*

Oitava pergunta: *você tem usufruído do suor do seu trabalho?*

Tem gente que se preocupa tanto em gastar pouco, guardar e investir dinheiro que não usufrui do dinheiro que Deus coloca nas suas mãos. Não é nesse sentido que a Bíblia orienta. Você precisa usufruir do seu dinheiro. Nós recomendamos que cinco por cento da sua renda seja gasta em coisas que tragam prazer e senso de merecimento.

Então responda: de que forma você tem usufruído do suor do seu trabalho?

Nona pergunta: *você paga as suas contas em dia?*

Não pagar as contas em dia é coisa de ímpio, segundo a Bíblia: *"O ímpio toma emprestado e não paga; mas o justo se compadece e dá"* (Salmos 37:21).

Você está mesmo pagando todas as suas contas em dia? Sim ou não?

Décima pergunta: *você está livre de dívidas?* "*A ninguém devais coisa alguma, a não ser o amor com que vos ameis uns aos outros; porque quem ama aos outros cumpriu a lei*" (Romanos 13:8).

Então, responda se está livre de empréstimos e dívidas. Sim ou não?

Décima primeira pergunta: *você está livre de brigas familiares por causa de dinheiro?*

Tenha em mente este preceito bíblico: "*Continue a lembrar essas coisas a todos, advertindo-os solenemente diante de Deus, para que não se envolvam em discussões acerca de palavras; isso não traz proveito e serve apenas para perverter os ouvintes*" (2 Timóteo 2:14).

O cristão não se envolve em discussões, pois, segundo a Palavra, isso perverte aqueles que ouvem essas discussões.

Então, reflita se está mesmo livre de brigas por causa de dinheiro.

Décima segunda pergunta: *você ajuda os necessitados?*

"*Se alguém tiver recursos materiais e, vendo seu irmão em necessidade, não se compadecer dele, como pode permanecer nele o amor de Deus? Filhinhos, não amemos de palavra nem de boca, mas em ação e em verdade*" (1 João 3:17-18).

Você tem transbordado na vida dos necessitados? Tem doado para quem precisa? Sim ou não?

Ao concluir este capítulo, você poderá saber se tem suas finanças controladas segundo a Bíblia. Conte quantas respostas sim você deu para cada uma das perguntas que acabamos de ver.

Quanto mais sim, mais você tem as finanças controladas segundo a Bíblia.

Vamos repassar as perguntas, pois elas são importantes para a sua transformação financeira. Seja sincero ao responder:

- Você faz como as formigas e tem uma reserva de segurança de três a seis meses das suas despesas fixas?
- Você gasta menos do que ganha e é o homem sensato de Provérbios 21:20?
- Você tem sido fiel em administrar o pouco que Deus tem lhe dado?
- Você pratica a lei da quinta parte?
- Você aplica a lei da multiplicação?
- Você planejou a sua vida financeira para o próximo ano?
- Você tem doado pelo menos dez por cento da sua renda?
- Você tem usufruído do suor do seu trabalho?
- Você paga as suas contas em dia?
- Você está livre de dívidas?
- Você está livre de brigas por causa das finanças?
- Você ajuda os necessitados?

Se você respondeu muitos "não", tudo bem. Isso acontece com a maioria das pessoas.

O que importa é que, a partir de agora, você tem consciência do que precisa fazer para ter suas finanças controladas e ser obediente a Deus na administração da sua vida financeira.

O mais importante é o que você vai fazer daqui para a frente. Qual decisão você vai tomar?

# 13

# COMO AUMENTAR A RENDA E GERAR MAIS DINHEIRO

Neste capítulo vamos orientar você sobre como aumentar a renda para gerar mais dinheiro. Porém, é importante desde já deixar claro que não será mais dinheiro que vai resolver os seus problemas financeiros, mas ter uma boa mordomia, aproveitando as sementes que Deus lhe deu.

Então, para ajudá-lo a chegar à sua renda extra, perguntamos: o que realmente tem impedido você de fazer dinheiro hoje? Muitas vezes achamos que o problema é a falta de emprego, a crise, as vendas no varejo baixas, mas isso não é sempre verdade.

Alguns dos nossos alunos muitas vezes entendem que não conseguem fazer mais dinheiro. Sabe por quê? Eles acham que não são capazes de gerar uma nova renda ou de aumentar sua própria renda, porque colocam obstáculos como: não têm tempo, imaginam que não têm habilidades, que não têm talentos suficientes, que não sabem vender etc.

Isso se intensifica nos momento de crise, e algumas pessoas acabam sendo ainda mais influenciadas pelo pessimismo e alarde que a mídia vem causando. A verdade é que o que nos impede de aumentar a renda pouco tem a ver com fatores externos.

O que impede você de aumentar a renda é o seu modo de enxergar e de pensar.

A Bíblia fala, em Provérbios 23:7, que, assim como tu pensas em tua alma, assim tu és.

Se você pensar que é impossível aumentar a renda, isso vai ser verdade. Se você pensar que é possível aumentar a renda, isso também vai ser verdade, porque a partir daí a sua mente vai se desbloquear para começar a pensar em alternativas.

Estejamos em crise ou não, as pessoas continuam tendo que consumir. Elas continuam comprando. As pessoas continuam tendo necessidades que precisam ser atendidas.

Ainda que em menor escala, o dinheiro continua circulando. Só muda de mãos.

Se de um lado há a necessidade de uma renda extra para complementar o orçamento do mês, do outro há muita gente precisando de produtos e serviços que tragam comodidade e segurança nos dias atuais.

Entenda que talvez o emprego com carteira assinada seja cada vez mais escasso, enquanto o trabalho pode, em alguma medida, se tornar abundante. Você deve se concentrar em buscar renda e não emprego. Há sempre uma demanda que precisa ser atendida!

Transforme um talento ou habilidade em uma fonte extra de renda ou crie finalmente uma estratégia para começar uma carreira complementar à atual.

Saiba que, para estar preparado para aumentar a renda, você precisa antes estar preparado para ser fiel no pouco e administrar bem o pouco que já tem. Esse princípio-base é a primeira coisa que ensinamos aos nossos mentorados.

Uma das coisas que a boa mordomia demanda na prática da administração financeira é otimizar despesas para fazer mais com menos. Quando usamos os recursos de forma mais eficiente, eles passam a sobrar para multiplicar e investir. Faz sentido para você?

É um erro querer buscar renda antes de refletir e ter certeza de que você está aplicando esse princípio de mordomia e está conseguindo fazer mais com menos.

O segundo passo, então, é buscar mais renda.

Muitos nem sequer acreditam que alguém de finanças seja capaz de ajudar com estratégias para aumentar renda.

Algumas pessoas pensam que um especialista em organização financeira só sabe ensinar a cortar gastos.

O mentor financeiro é como um técnico de time, que transmite estratégias e exercícios que serão úteis para chegar do objetivo final. É muito mais do que um consultor ou um especialista financeiro que só ajuda a olhar despesas.

Você precisa exercitar a mentalidade para descobrir formas alternativas de obter renda.

Em um primeiro momento você pode achar que não consegue, que vai ser dolorido, mas logo acabará achando algo que gosta de fazer e terá ótimos resultados.

Queremos começar a estimulá-lo a pensar em formas alternativas de conseguir renda hoje. Essa mudança de comportamento começa cem por cento na sua mentalidade. Você precisa se abrir a novas ideias para conseguir renda extra. Não se prenda aos problemas, não se prenda às travas e obstáculos. Coloque seu foco na solução.

Há um princípio bíblico-chave para isso, que é a lei da servidão.

José tornou o Egito a nação mais rica de sua época, e não foi porque ele apenas acumulava a quinta parte do que produzia. Não adiantaria acumular e não fazer nada com aquela produção, concorda? O que fez José tornar a nação rica foi servir a outras nações em um período de necessidade. Enquanto havia seca e muitas nações vizinhas poderiam passar fome, José vendia mantimentos para essas nações. Vender aqui tem a conotação de servir.

Então, a primeira coisa que queremos que você delete da sua cabeça é aquela imagem de que o bom vendedor é aquele que empurra! O bom vendedor é aquele que serve!

Se você tem um filho, você já vendeu. Já teve que convencê-lo a fazer o melhor para si mesmo muitas vezes. Você já serviu muitas vezes ao seu filho.

Comece a pensar agora nesse princípio bíblico poderoso que é a lei da servidão.

Pense em uma lanchonete. Ela gera riqueza proporcional à quantidade de pessoas que serve, concorda? Então, repita até fixar: quanto mais pessoas eu servir, mais riqueza vou gerar!

E isso nos faz chegar ao próximo ensinamento, de que gostamos muito:

*Rico não é aquele que tem muitos servos, mas aquele que mais serve.*

Agora pense como você pode servir às pessoas. Pense em formas de servir. Um exemplo bem óbvio quando pensamos em uma lanchonete é o serviço de *delivery*, concorda?

Queremos que exercite como você pode servir às pessoas neste momento. Do que as pessoas estão precisando? O que elas estão consumindo?

Se você exercitar isso, vai ficar craque em conseguir novas formas de renda, e logo talvez nem seja mais dependente de um emprego ou do formato de negócio que você tem hoje. Esse é o tipo de renda que faz você acelerar o percurso até a sua independência financeira.

Vamos observar juntos algumas ideias para você já começar a pensar na sua forma alternativa de renda.

Reflita sobre as quatro perguntas que aparecem na figura:

IDEIAS DE RENDA EXTRA

| QUAL É O SEU DOM? | QUAL É O SEU TALENTO? | QUAL É A SUA HABILIDADE? |

COM BASE EM SEU DOM, SEU TALENTO E SUA HABILIDADE, O QUE FARIA AS PESSOAS PAGAREM A VOCÊ?

Então, não se preocupe se você pensa que não sabe vender nada ou não gosta de vender. Tire o foco de vender e coloque-o em servir!

*"Cada um exerça o dom que recebeu para servir os outros, administrando fielmente a graça de Deus em suas múltiplas formas"* (1 Pedro 4:10).

A forma alternativa de renda adequada geralmente é algo de que você gosta. Pense naquilo que até de graça você faria, porque vem de uma habilidade sua. Você tem prazer em servir fazendo isso. Essa é a grande sacada. Quando você descobrir isso de verdade, vai ver a prosperidade na sua vida claramente.

*"Se o seu dom é servir, sirva; se é ensinar, ensine"* (Romanos 12:7).

Queremos agora que você pense nestas ideias rápidas para gerar renda sem sair de casa.

Então, você quer aprender a pescar? Concorda que tem gente precisando comprar produtos na internet neste momento?

Você pode vender produtos de outras lojas online. Pode servir às pessoas oferecendo produtos que elas precisam comprar na internet e ainda ganhar uma comissão por isso. Esse tipo de negócio pode ser visto em diversos sites de marketing de afiliados de produtos existentes na internet.

Ser afiliado de cursos online.

Se você não quer vender o que é dos outros e prefere trabalhar com o que é seu, pode criar um curso e vender nessas mesmas plataformas. Entenda que o mais difícil não é criar o curso, mas sim a habilidade de vender para poder servir mais pessoas. Você precisará de orientação nesse sentido.

Você pode montar uma loja virtual, um e-commerce, praticamente sem investimento.

Existem diversas plataformas gratuitas ou com custo muito baixo para vender produtos hoje em dia. Tire fotos dos seus produtos e crie a sua própria loja em uma dessas plataformas.

Eu gosto mesmo é de pregar a Palavra.

Ótimo! Então comece o seu Instagram ou canal do YouTube espalhando a Palavra, e receba a remuneração dos anúncios que são exibidos no seu canal, por que não? Mas, para conseguir algo relevante com essa estratégia, você precisa ir conquistando audiência. Então, é algo de médio a longo prazo, mas você pode começar hoje.

Você pode oferecer seus serviços na internet.

Se você sabe traduzir, pode oferecer serviços de tradução. Ou então de digitação, edição. As opções são praticamente infinitas para ser freelancer. Já falamos aqui sobre o Workana.com e diversos outros sites especializados em *freelance.*

Veja que as opções de formas alternativas de renda são várias. Você precisa encontrar aquilo em que é bom e que gosta de fazer, e conectar isso à necessidade dos outros. Pensando sempre em servir mais pessoas.

Peça a Deus que abençoe os seus planos (para isso você precisa ter planos!) e eles darão certo. Leia Provérbios 16:3.

14

# COMO COMEÇAR A TER SUAS FINANÇAS CONTROLADAS

Nesta fase do livro, após já ter compreendido os princípios bíblicos que ensinam a ter as finanças controladas e ter desenvolvido a mentalidade necessária para se tornar um cristão que prospera, você pode estar se perguntando como começar a ter suas finanças controladas.

Vamos nos aprofundar um pouco mais no princípio da mordomia.

## I. Princípio da mordomia

Se você crê na Bíblia, precisamos dar uma notícia: seu Dinheiro não é seu! Isso mesmo!

A Bíblia ensina que existem duas partes de responsabilidades diferentes quando se trata de dinheiro: uma parte é a responsabilidade de Deus. E a outra parte é a nossa responsabilidade!

Quando vemos alguém com problemas financeiros, logo pensamos: o que será que essa pessoa deixou de fazer? Sim, porque Deus nunca deixa de fazer a parte d'Ele.

Muita gente se pergunta: por que Deus está permitindo que eu passe por tantos problemas financeiros? Nessa simples pergunta já é possível perceber que o principal problema é o fato de essa pessoa não entender a base bíblica para lidar com as finanças. Afinal, Deus com certeza já cumpriu Seu papel. Ele não falha! O que faltou para essa pessoa foi entendimento.

A Bíblia afirma categoricamente que Deus é o único dono de tudo. *"Ao Senhor pertence a terra e tudo o que nela contêm, o mundo e os que nele habitam"* (Salmos 24:1).

O livro de Ageu 2:8 diz: *"Minha é a prata, meu é o ouro, diz o Senhor dos Exércitos".* E poderíamos citar vários outros versículos que reforçam que tudo é de Deus!

Os judeus sabem muito bem disso. Não é à toa que são umas das nações mais prósperas do mundo.

Se queremos ser seguidores de Cristo, devemos reconhecer que Deus é o dono de tudo o que temos. Se não conseguir renunciar ao você tem, provavelmente você não está seguindo a Jesus. Veja Lucas 14:33: *"Assim pois todo aquele que dentre vós não renuncia a tudo quanto tem não pode ser meu discípulo".*

Perceba que é uma premissa para seguir a Cristo renunciar a tudo e reconhecer que Deus é o verdadeiro dono de tudo.

A verdade é que Deus nos testa algumas vezes perguntando se realmente estamos dispostos a renunciar a todas as nossas posses, inclusive àquelas de que mais gostamos.

Foi assim com o jovem rico que decidiu se apegar às riquezas.

Outro exemplo da Bíblia é o do momento em que o Senhor disse a Abraão: *"Toma teu filho, teu único filho, Isaque, a quem amas... oferece-o ali em holocausto"* (Gênesis 22:2). Quando Abraão renunciou ao bem mais precioso que possuía, o seu filho, Deus providenciou um cordeiro para a oferta e poupou Isaque. Porque na verdade era o coração de Abraão que estava sendo testado ali.

Se tudo o que somos e temos pertence a Deus, então devemos viver como bons mordomos, administrando bem o que é do Senhor. Esse é o conceito mais importante de finanças bíblicas.

Jesus usou o conceito de mordomia, aplicando-o a nós: *"O Senhor respondeu: 'Quem é, pois, o administrador fiel e sensato, a quem seu senhor encarrega dos seus servos, para lhes dar sua porção de alimento no tempo devido?'. Feliz o servo a quem o seu senhor encontrar fazendo assim quando voltar. Garanto que ele o encarregará de todos os seus bens"* (Lucas 12:42).

Mas como praticar a boa mordomia?

Embora nessa parábola Jesus estivesse se referindo principalmente a questões espirituais, Ele não deixou de incluir o aspecto natural e financeiro, uma vez que os nossos bens também são d'Ele. Prestaremos contas do que fizermos com o que Ele nos deu. Nossa vida, família, casa e demais bens pertencem ao Senhor, e devemos administrar tudo isso como algo que Ele nos confiou.

Uma parte do nosso dinheiro volta a Deus na forma de contribuições, mas o restante não deixa de pertencer a Ele e deve ser usado da maneira correta, bem administrado. Esse é um princípio que deve ser entendido e vivido antes mesmo da contribuição, que é só um pequeno aspecto da mordomia.

Isso significa que você não apenas deve ser fiel nos dez por cento ou seja lá quanto você devolva para Deus. Você deve ser fiel nos cem por cento, porque segundo a Bíblia tudo é de Deus. Essa é a definição de mordomia: nós somos apenas administradores e devemos ser capazes de bem administrar tudo aquilo que Deus nos dá, segundo os seus princípios.

E dentro disso está o multiplicar. Ao lermos a parábola dos talentos (Mateus 25:14-30), encontramos esse conceito de mordomia, que se aplica a todas as áreas das nossas vidas, inclusive a financeira. Honrar ao Senhor com os nossos bens inclui a boa mordomia. Deus nos confia o que é d'Ele e ainda nos dá a liberdade de usufruir do que nos foi confiado. *"E, chamando dez servos seus, deu-lhes dez minas e disse-lhes: Negociai até que eu venha"* (Lucas 19:13).

No entanto, o fato de Ele nos deixar a escolha e a decisão do que faremos com o que nos concede não significa que não haja uma forma correta de administrarmos o que é d'Ele. Deus espera fidelidade de seus mordomos: *"Quem é fiel no pouco também é fiel no muito; quem é injusto no pouco também é injusto no muito"* (Lucas 16:10).

Vamos explicar melhor: observe que Jesus não se refere apenas à honestidade, mas também à fidelidade. Isso significa que o bom mordomo não é só o que não rouba ou o que não lesa o seu senhor, mas também o que se mantém no propósito que lhe foi confiado. E administra tudo que lhe é confiado.

É mais do que lealdade e confiança! É dedicação ao que foi combinado! Deus espera mais de nós do que simplesmente boa vontade e sinceridade! Ele espera que sigamos as instruções que Ele nos deu e o propósito revelado em Sua Palavra! *"Que os homens nos considerem como ministros de Cristo e despenseiros dos mistérios de Deus. Além disso, requer-se nos despenseiros que cada um se ache fiel"* (1 Coríntios 4:2).

A mordomia não envolve somente a administração correta dos nossos bens, mas também dos dons e talentos que o Senhor confiou a cada um de nós: *"Cada um administre aos outros o dom como o recebeu, como bons despenseiros da multiforme graça de Deus"* (1 Pedro 4:10).

Entenda que usar sabiamente seus talentos financeiros, que é o dinheiro que passa pelas suas mãos, e também seus dons e habilidades, também é mordomia.

Não falamos apenas de dinheiro; falamos de qualquer dom e talento para servir os propósitos de Deus, tudo aquilo que Deus coloca nas suas mãos.

Lembre-se de que a nossa relação com o dinheiro é um excelente termômetro para a atitude do nosso coração com relação à mordomia de forma geral.

## 2. A prestação de contas

Cristo também nos ensinou que a mordomia é um cuidado temporário com o que pertence a outra pessoa, sendo que o verdadeiro dono exigirá uma prestação de contas da administração depois.

Em Lucas 16:1,2 lemos: *"E dizia também aos seus discípulos: Havia um certo homem rico, o qual tinha um mordomo; e este foi acusado perante ele de dissipar os seus bens. E ele, chamando-o, disse-lhe: Que é isso que ouço de ti? Presta contas da tua mordomia, porque já não poderás ser mais meu mordomo"*.

Temos exemplos bíblicos de uma boa mordomia sendo louvada e também de uma mordomia ruim sendo punida. Ninguém pode fugir da prestação de contas. Vemos isso nos exemplos que Jesus deu na parábola das dez minas e na parábola dos talentos:

*"E aconteceu que, voltando ele, depois de ter tomado o reino, disse que lhe chamassem aqueles servos a quem tinha dado o dinheiro, para saber o que cada um tinha ganhado, negociando"* (Lucas 19:15).

*"E, muito tempo depois, veio o senhor daqueles servos e ajustou contas com eles"* (Mateus 25:19). Essa é uma referência encontrada em toda a Bíblia. Na carta aos Hebreus, fica evidente que a prestação de contas é para todos, e que nada passará despercebido aos olhos de Deus: *"E não há criatura que não seja manifesta na sua presença; pelo contrário, todas as coisas estão descobertas e patentes aos olhos daquele a quem temos de prestar contas"* (Hebreus 4:13).

Tenha uma certeza: você vai prestar contas para Deus também do dinheiro que Ele colocou nas suas mãos!

## 3. Segundo a capacidade de cada um

Alguns ficam com medo da prestação de contas, como se não fossem capazes de lidar com o que Deus lhes confiou, mas há um princípio inquestionável na mordomia instituída por Deus:

Ele, em Sua sabedoria e justiça, nunca pedirá a ninguém para fazer alguma coisa que não consiga fazer.

Ele nunca trata conosco da mesma maneira com que trata com outros, como que lidando por atacado. Deus conhece as nossas limitações e a nossa capacidade. Ele sabe que não somos iguais uns aos outros e que uma soma de fatores coloca cada um de nós em posições bem diferentes na Sua presença.

Em Mateus 25:14, lemos que um homem deu cinco talentos a um servo, dois a outro e um a outro, de acordo com a sua capacidade. Essa é a chave para uma verdadeira prosperidade. Devemos entender os princípios bíblicos de finanças e aplicá-los em nossa vida.

É preciso conhecer as leis do jogo do dinheiro que Deus definiu em sua palavra. E é conforme a sua própria capacidade de agir de acordo com essas leis que Ele lhe entregará mais recursos.

Você quer que Deus coloque mais dinheiro nas suas mãos? Capacite-se com os talentos que tem. Invista em sua inteligência financeira. Foi isso o que fez a Patricia. Ela investiu em conhecimento, e em sessenta dias tirou o nome do Serasa e mudou de endividada a investidora.

Patrícia disse que aprendeu a fazer mais com menos, e isso fez toda a diferença. Tem gente que acha que precisa economizar a qualquer custo. Isso não funciona; só incute cada vez mais a mentalidade de escassez. Um bom mordomo não trabalha na escassez: ele trabalha na abundância e administra com conhecimento, com sabedoria, aquilo que Deus lhe confia.

Agora que você já entendeu que é um mordomo de Deus, para continuar o processo de ter suas finanças controladas, vamos reforçar uma revelação importante que existe na parábola dos talentos. Vamos falar sobre algo que levamos muito a sério em nossas mentorias; algo bem prático no método que utilizamos.

Existem educadores financeiros que afirmam que você só precisa ganhar mais. Nós afirmamos que começar por aí não é bíblico, porque, se você não for fiel com o pouco que passa pelas suas mãos, Deus não vai colocar mais nelas. Se isso acontecer, você vai cavar mais o seu buraco.

É claro que você deve, sim, buscar aumentar sua renda, mas entenda que existe uma ordem e que o nosso Deus é um Deus de ordem.

Então, otimizar as suas despesas e gastar com propósito vem sempre em primeiro lugar.

Outra coisa importante é ter metas para onde você quer ir, ter clareza de onde você está e da sua rota financeira.

Mas como eu sei se estou sendo um bom mordomo? Uma das melhores perguntas para responder isso é: você administra seu dinheiro para satisfazer seus desejos ou tem um propósito?

Na maioria das vezes em que uma pessoa está endividada ou com problemas financeiros, ela entrou na dívida porque não tinha um propósito com o pouco dinheiro que passou pelas suas mãos. Quando você não administra bem o pouco, Deus não manda o muito. Essa desperdiçou uma semente com algo que não tinha propósito.

Pode ser, por exemplo, a decisão precipitada de comprar algo por impulso, ou uma compra importante, como a casa própria financiada, sem entender o impacto dos juros no orçamento a longo prazo. Anos se passam e a pessoa percebe que esse compromisso não cabe mais no orçamento.

Aliás, a compra da casa própria é uma das grandes causas de endividamento. Fazer um negócio como esse sem planejamento é muito ruim. É preciso primeiro ter as finanças controladas. Querer comprar sua casa antes disso pode sair muito caro para você – pode custar a sua paz financeira.

Sem propósito com o seu dinheiro e ainda com a enorme facilidade de crédito a que muitos têm acesso hoje, você gasta de forma inconsciente e deixa o desejo falar mais alto que a necessidade. O desejo fica mais forte que o propósito, e sabe qual a consequência de desperdiçar as sementes? A dor da dívida e dos problemas financeiros.

Como diz o Salmista, o Senhor é meu pastor e nada me faltará. Porém, se você deixar o desejo ser mais forte que o propósito, o dinheiro vai fazer falta em outro lugar.

### 4. Um propósito bem definido quanto ao que fazer com o dinheiro que Deus coloca nas suas mãos

Vai empreender? Ótimo! Já avaliou os riscos? Vai servir a quantas pessoas?

O maior não é aquele que tem mais servos, mas o que serve a mais pessoas. Jesus disse: se quiser ser o maior, seja o servo de todos. Aqui está a lei da servidão.

Se você tiver propósito com o seu dinheiro, em poucos dias ou meses terá deixado de ser um escravo do dinheiro e conseguirá fazê-lo trabalhar para você e para os propósitos de Deus.

Agora que você sabe que Deus dá conforme a capacidade de cada um, consegue entender por que muito se fala que os ricos ficam cada dia mais ricos e os pobres cada dia mais pobres? Agora você entende que isso é bíblico?

Qual o limite do que Ele pode confiar a você?

Depositar nossa confiança em Deus é fundamental. Você confia em Deus, mas será que Ele pode confiar em você?

Uma das melhores maneiras de confiar em Deus é demonstrando que Ele pode confiar em você. O que você precisa entender é que um bom pai não é aquele que dá tudo de uma vez para o filho, mas sim aquele que vai dando o que o filho é capaz de administrar durante o processo. Quanto melhor administrador você for, mais Ele vai colocar nas suas mãos. Deus quer que você viva o processo. E começar faz parte do processo.

O sucesso está na paz financeira, e a paz financeira está em viver os processos que Deus estabeleceu para as nossas vidas. Está na obediência aos princípios!

Então, seja um bom administrador do centavo que passa pelas suas mãos. É isso que vai credenciá-lo a ter cada vez mais. E um desses processos que mostram se você é um bom administrador é o princípio da multiplicação, ensinado na parábola dos talentos.

Entretanto, o medo tem feito as pessoas enterrarem os talentos, como fez o servo inútil. As pessoas têm medo, e acham que quem se preocupa em multiplicar vai para o inferno. Segundo a Bíblia, quem se preocupa em multiplicar é bom mordomo, é servo fiel. Quem vai para o inferno são os tolos gananciosos que querem colher os frutos sem se submeter ao processo.

O medo faz as pessoas caírem no engano do inimigo. Tudo que o inimigo quer é que você ache que cuidar das suas finanças não é importante, porque dessa forma você fica travado, sem ferramentas para cumprir os propósitos de Deus na sua vida. Você vai ficar sempre orando por livramento e nunca para Deus abrir os caminhos para você fazer o que tem que ser feito.

Busque identificar onde você não está sendo fiel e eficiente, ou no gastar ou no multiplicar, e comece a agir agora mesmo. Esse é um exercício importante.

Não estamos falando que Ele prometeu fazer você rico. Há pessoas que consideram o nome Cristão Rico uma heresia, porque Deus não prometeu a ninguém ser rico. E é verdade,

Ele não prometeu mesmo, mas o processo de obediência aos princípios, praticar a boa mordomia, leva à criação de riqueza, porque o bom mordomo sabe multiplicar tudo aquilo que Deus coloca nas suas mãos.

Em outras palavras, Deus quer que você comece a cumprir os princípios e a ter as finanças controladas. Respeite os processos que Ele ensina sobre finanças na Palavra.

E quem fica bom em cumprir o processo da multiplicação acaba gerando riqueza. Perceba que a riqueza é a consequência de algo natural, que é cumprir uma boa mordomia e multiplicar a cada dia seus talentos. Se a Bíblia diz que quem busca riqueza se dá mal e cai em laço, é porque a riqueza não é o foco. O foco é a obediência ao princípio. A riqueza vem como consequência.

Então, pare de escutar a voz do medo e comece a escutar os princípios que Ele quer que você aprenda. E pratique.

Como fazer, afinal, para ter as finanças controladas?

1   Seja um bom mordomo e procure a cada dia fazer mais com menos.

Exemplo: se a academia não é tão importante para você, não precisa necessariamente gastar com uma. Você precisa se exercitar, e dentro desse raciocínio você pode decidir o que faz mais sentido. Pagar uma academia? Usar a academia do condomínio onde você mora? Fazer exercício na rua, ao ar livre? Todas essas são soluções que resolvem o mesmo problema, que é se exercitar.

Pense como você pode fazer igual com menos ou até mais com menos usando os recursos que você já tem.

Liste suas despesas e analise cada uma pensando assim: essa despesa dá para cortar ou substituir de forma que eu faça igual ou mais usando menos recursos?

Esse é o raciocínio de um bom mordomo. É isso que Deus espera de você. Ele quer que você otimize e use cada centavo que Ele coloca nas suas mãos com um propósito.

2 Comece agora a multiplicar esse centavo que Ele já colocou nas suas mãos.

Busque imediatamente por sabedoria financeira. Quanto do seu tempo e dos seus recursos você tem dedicado a aprender mais sobre finanças? Quanto mais você sabe sobre ganhar dinheiro, mais dinheiro você ganha.

Esperamos que com esse entendimento você passe a agir como um bom mordomo. Se você não tem sido um bom mordomo nas suas finanças, se arrependa diante de Deus e comece a agir certo daqui para a frente. O processo de arrependimento é importante para a sua libertação financeira. E o resultado disso certamente será a paz financeira que você vai viver a partir de hoje.

15

# ORÇAMENTO EM POTES: TÉCNICA PARA GERENCIAMENTO DAS SUAS FINANÇAS

Neste capítulo final, queremos mostrar a necessidade de realizar o gerenciamento correto das suas finanças, e para tanto vamos apresentar a você a técnica do orçamento em potes. É um exercício simples, mas eficiente, para que você possa começar a sua jornada prática rumo às finanças controladas e à paz financeira. Com esse conhecimento, você será capaz de definir exatamente para onde vai o seu dinheiro e não vai mais deixar que ele defina para onde ele quer ir por você.

O mais incrível é que, quando você define para onde vai o seu dinheiro, ele não acaba antes do final do mês; pelo contrário, você começa a fazer sobrar dinheiro. Então, aqui vai mais um aprendizado, que é o nosso sistema de gerenciamento de dinheiro: é necessário definir com inteligência para onde vai o seu dinheiro.

Por exemplo, em uma empresa, os funcionários são distribuídos em funções, correto? Os funcionários são os recursos mais importantes de uma empresa, não é verdade? Então, de forma superinteligente e estratégica, essa empresa contrata profissionais para executar as mais diversas atribuições: financeiro, RH, vendas e assim por diante. Em um time de futebol é a mesma coisa, você tem o atacante, o meio-campo, o zagueiro, goleiro. Cada um tem a sua função para chegar ao objetivo final. Um time composto só por atacantes dificilmente vai vencer o jogo. Provavelmente ele vai tomar muitos gols por falta de defesa e meio-campo. Acabará perdendo o jogo.

Com o dinheiro que Deus coloca nas suas mãos também é assim. Cada semente, cada parte desse dinheiro tem uma função. Depois de muito estudar os princípios bíblicos de finanças e de receber muitos ensinamentos de grandes referências da área de finanças, nós chegamos a uma sugestão para fazer da melhor maneira o gerenciamento do dinheiro.

Você vai dividir seu orçamento em potes. Verifique o valor que você tem de renda e defina funções para essa renda. Lembra que cada funcionário da empresa tem uma função, assim como cada jogador em um time? Então, aqui, cada pote vai ter sua função!

A ordem de prioridade quem define é você, por isso seja diligente e atencioso nesse momento. No primeiro pote você vai definir cinco por cento do seu orçamento para o "eu mereço". E por que separar esse dinheiro é importante? Porque a Bíblia nos incentiva nesse sentido.

Eclesiastes 3:13 diz assim: *"Devemos aproveitar o presente de Deus que é o fruto do nosso trabalho, nós devemos comer e beber e aproveitar bem aquilo que ganhamos com o nosso trabalho. Isso é um presente de Deus"*.

Se alegrar com os frutos do seu trabalho, se divertir, é importante para nos dar senso de recompensa imediata pelo nosso esforço. Basicamente, você vai direcionar esse recurso para o seu lazer ou para algo que reforça o seu senso de merecimento.

Não recomendamos que você deixe de gastar esses cinco por cento no seu orçamento para o seu "eu mereço", porque sem isso um dia você vai acabar se boicotando e todo o trabalho de gerenciamento do dinheiro que você começou a construir pode estar comprometido.

Quem não gasta seu dinheiro com o "eu mereço" acaba tendo aqueles surtos de ir ao shopping e sair gastando até o que não tem.

Então, não procure maneiras de economizar esse percentual; siga a nossa recomendação e você vai ver que terá resultado. A verdade é que somos humanos, motivados por recompensas, e, se você não curtir o seu dinheiro, não vai se motivar a ter mais dinheiro.

O segundo pote é o pote da doação. Destine dez por cento do seu orçamento para a doação ou o dízimo. A Bíblia é enfática sobre dízimos: *"Trazei todos os dízimos à casa do tesouro para que haja mantimento na minha casa e depois fazei prova de mim nisto, diz o senhor dos exércitos, e vejam se eu não vos abrir as janelas do céu e não derramar sobre vós uma bênção tal até que não haja lugar suficiente para recolher-vos"* (Malaquias 3:10).

Ainda assim, nem todos os cristãos acreditam na ordenança do dízimo, e nós respeitamos isso. Se for o seu caso, utilize esses mesmos dez por cento para doações. Mas entenda: todos nós estamos aqui na Terra para nos ajudarmos. Fomos programados por Deus para isso.

O terceiro pote é o do pagar contas. Cinquenta e cinco por cento do orçamento vai para o pote de pagar contas. Veja o que a Bíblia nos fala sobre isso: *"Do suor do teu rosto comerás o pão até que tornes à terra, porque dela foste tomado; porquanto és pó e ao pó tornarás"* (Gênesis 3:19). Segundo a Bíblia, nossa sobrevivência é fruto do nosso trabalho. As despesas com transporte, alimentação, moradia, vestuário, todas entram aqui. Para que esse sistema de gerenciamento seja realmente efetivo, é bem importante que você encaixe as suas despesas básicas nesse percentual do orçamento.

Você pode estar pensando que isso é impossível, mas a pergunta é: você está disposto a renunciar um pouco agora para poder ter tudo depois? Para ser livre financeiramente você precisa abrir espaço na sua vida para isso. Abrir mão de algo agora, ajustar despesas por um tempo para ter mais liberdade lá no final.

Uma dica valiosa: toda vez que você for gastar alguma coisa, faça a seguinte pergunta: o que é mais importante: o que eu vou comprar agora ou minha tranquilidade financeira?

Vamos cumprir o princípio da quinta parte com os próximos dois potes:

O quarto pote é o investir em longo prazo.

Lembre-se de que dez por cento do nosso orçamento deve ser direcionado para investir em longo prazo visando à multiplicação das sementes que Deus coloca nas suas mãos.

A Bíblia nos diz o seguinte: *"Porque a qualquer que tiver será dado e terá em abundância, mas ao que não tiver até o que tem será tirado"* (Mateus 13:11). A parábola dos talentos nos ensina uma lei bíblica importante sobre finanças, a lei da multiplicação. Esses dez por cento são para multiplicação, para criar sua árvore de dinheiro.

É o dinheiro que você vai investir para comprar um negócio ou algo que gere renda passiva, aquela renda que você consegue sem precisar trabalhar e sem trocar seu tempo por dinheiro. Esse dinheiro você nunca vai gastar. Essas são sementes para multiplicar, isto é, seu legado financeiro. A Bíblia diz que o homem de bem deixa uma herança aos seus filhos e aos filhos dos seus filhos, e parte dessa herança vem exatamente do pote do investimento.

*"O homem bom deixa a sua herança para os filhos de seus filhos"* (Provérbios 13:22).

O quinto pote é o de investir para realizar sonhos. Esforce-se para que dez por cento do orçamento seja destinado a investir para realizar os sonhos que Deus colocar no seu coração. Veja o que a Bíblia nos diz sobre isso em Provérbios 23:18: *"Porque deverás haverá bom fruto, não será frustrada a tua esperança"*. Imagine que você tenha o sonho de viajar para Israel ou de comprar um carro, por exemplo. É nesse pote que você vai separar o dinheiro para isso, para os projetos que Deus colocou no seu coração.

O sexto pote é um dos mais importantes para as pessoas que estão realmente comprometidas a transformar suas vidas e a não serem medíocres naquilo que fazem. Estamos falando do pote da educação para ter dinheiro. Dez por cento do orçamento deve ser direcionado para o pote da educação. Não estamos falando de escola dos filhos, nada disso. Essas despesas devem estar no pote "pagar contas". Veja o que a Bíblia nos diz sobre isso: *"Se o sábio lhes der ouvido, aumentará seu conhecimento e quem tem discernimento obterá orientação"* (Provérbios 1:5-6). Aqui estamos falando de constantemente aumentar seu conhecimento para que você seja a cada dia uma pessoa melhor no que faz e com isso consiga gerar ainda mais renda.

Aqui estamos falando de livros e cursos sobre finanças, investimentos, marketing digital, vendas, desenvolvimento pessoal, enfim, conhecimento aplicável, que vai levar você a ter mais sabedoria, informação e habilidades para ganhar dinheiro e se tornar uma pessoa melhor.

Lemos na Bíblia: *"Meu povo perece por falta de conhecimento"* (Oseias 4:6). E quando mostramos isso muita gente diz: "Nossa! Mas como eu vou conseguir dez por cento da minha renda para investir em educação?". Alguns acham exagero, mas pense o seguinte: se você soubesse aumentar sua renda hoje, já teria feito isso? Você só consegue fazer o que sabe. Quanto mais você sabe sobre como ter mais dinheiro, mais você pode fazer.

Se você sabe um pouco sobre ganhar dinheiro, vai ganhar um pouco. Você sabe muito sobre ganhar dinheiro? Vai ganhar muito! O conhecimento é o segredo. Sem formação e conhecimento é certo que você não consegue resolver seus problemas em todas as áreas da sua vida. A educação sempre volta em benefícios para você, e essa é a coisa mais importante.

Basta ver o que aconteceu na vida de diversos dos nossos alunos no Ministério Cristão Rico. Lembre-se, você merece! Você é seu maior investimento. Se você tiver educação financeira, vai criar dinheiro. Você sabe o que fazer com esse dinheiro e como multiplicá-lo? Com educação financeira você se torna um melhor mordomo, e o resultado é que Deus vai colocar muito mais recursos nas suas mãos. Então, resumindo a técnica dos potes para o gerenciamento das suas finanças, você vai distribuir:

- Cinco por cento para "Eu mereço".
- Dez por cento para doação ou dízimo.
- Cinquenta e cinco por cento para pagar contas.
- Dez por cento para investir no longo prazo.
- Dez por cento para investir na realização de sonhos.
- Dez por cento para a sua educação para ter mais dinheiro.

Agora é com você! Já começou a colocar em prática os aprendizados deste livro? Ou vai deixar esta semente secar? Comece a gerir melhor as suas finanças a fim de servir melhor a Deus aqui neste mundo e de começar a viver verdadeiramente os sonhos d'Ele na sua vida.

No Ministério Cristão Rico oferecemos cursos gratuitos. E, como não queremos que você pare por aqui no seu aprendizado, gostaríamos de convidá-lo para se inscrever no próximo evento. Acesse o QR Code.

Queremos também compartilhar com você um presente: a nossa websérie de finanças bíblicas.

Uma série de vídeos curtos que resumem muitos dos aprendizados que você acompanhou neste livro.

Para ter acesso gratuito a essa websérie, acesse o QR Code.

Também disponibilizamos para você a apostila do método SMART, trabalhado no capítulo 2.

Acompanhe o nosso trabalho nas redes sociais:

▶ http://cristaorico.com/yt
◉ http://cristaorico.com/Instagram

Esperamos por você! Deus te abençoe nesta nova jornada de transformação financeira!

# AGRADECIMENTOS

Estamos muito felizes por você ter nos acompanhado até aqui. Esperamos que, no final desta leitura, você tenha adquirido um melhor entendimento sobre os propósitos de Deus em relação à administração financeira.

Se você ainda tem dúvidas de que riqueza e prosperidade são algo que Deus aprova, basta analisar os inúmeros personagens da Bíblia.

Abraão era muito rico, assim como seu filho Isaac. Deus concedeu riquezas a Jacó por meio de um milagre quando Labão quis trapaceá-lo. José do Egito, de escravo, se tornou muito rico, trazendo enormes riquezas para seu povo usando a sabedoria administrativa concedida por Deus. Jó possuía muitas riquezas, perdeu tudo, mas, por causa de sua fidelidade, Deus o recompensou com tudo em dobro. Davi, um pastor de ovelhas, se tornou Rei de Israel e um homem muito próspero que arrecadou inúmeros tesouros para construir um templo em adoração a Deus. Salomão foi o homem mais rico de sua época. Deus percebeu que seu coração não estava nas riquezas e o tornou o homem mais sábio de seu tempo – e consequentemente o mais rico.

O objetivo do Ministério Cristão Rico é levar ao mundo conhecimentos sobre educação financeira e empreendedorismo à luz da Bíblia.

Acreditamos que a prosperidade é um caminho importante para alavancarmos os propósitos de Deus na Terra.

Nosso desafio é desmistificar a ideia enganosa de que um rico jamais entrará nos céus. Ou, ainda, a de que o dinheiro é a raiz de todos os males.

O amor ao dinheiro é a raiz de todos os males, não o dinheiro!

O reino maligno tem se aproveitado da ignorância das pessoas em relação a esses conhecimentos para causar destruição, sofrimento, vergonha e literalmente enviar pessoas para o inferno. Nossa missão é levar apoio para aqueles que buscam educação financeira e empreendedora firmada na rocha.

Acreditamos que fomos feitos pelo Criador para utilizar e multiplicar nossos talentos para a honra e glória d'Ele.

Se você tem talentos empreendedores, ou tem vontade de lidar com as suas finanças de forma mais alinhada com a palavra de Deus, não deixe de nos acompanhar.

Esperamos que novos Cristãos Ricos se incentivem e se inspirem para fazer a diferença neste mundo onde há tanta miséria, destruição e pobreza espiritual.

O Cristão Rico impacta o mundo significativamente por meio de seus conhecimentos, habilidades e riquezas.

Não nos limitaremos a dar o peixe aos que precisam; queremos principalmente ensinar as pessoas a pescar!

O Cristão Rico é um canal de luz e prosperidade para o mundo!

A teologia da prosperidade usa as coisas espirituais para propósitos materiais. Já o Cristão Rico usa as coisas materiais para propósitos espirituais. Percebe a diferença?

Se você se interessa por ter na sua vida o tipo de transformação que vimos nos depoimentos citados neste livro, o Ministério Cristão Rico oferece um acompanhamento em grupo para pessoas que querem sair do vermelho, ter as finanças controladas, fazer sobrar dinheiro e investir para realizar os sonhos de Deus na sua vida.

Agradecemos de coração!

**MINISTÉRIO CRISTÃO RICO**

Fontes AMALIA, HISTORY
Papel PÓLEN SOFT 80 G/M²